경운궁 이야기

이 책의 저작권은 저자에게 있습니다. 저작권의 보호를 받고 있으므로 저자와 출판사의 사전 허락 없이는 어떠한 형태나 수단으로도 이 책의 내용을 인용하거나 발췌할 수 없습니다.

Copyrightⓒ 2018 by Seong Do Kim

All rights reserved including the right of reproduction in whole or in part in any form. Printed in Korea.

경운궁 이야기
The Story of Gyeongun-gung Palace

글	김성도
초판 인쇄	2018년 12월 24일
초판 발행	2018년 12월 28일
펴낸곳	도서출판 고려
펴낸이	권영석
출판등록	1994년 8월 1일(제2-1794호)
편집책임	권대훈
편집디자인	최준
표지디자인	조재천
제작 · 마케팅	박형우
주소	서울특별시 중구 퇴계로 161
전화	02.2277.1424
팩스	02.2277.1947
홈페이지	www.koprint.kr
이메일	koprint@hanmail.net
인쇄 · 제작	고려문화사 02.2277.1424
ISBN	978-89-87936-45-1 93910

* 잘못된 책은 바꾸어 드립니다.
* 값은 뒤표지에 있습니다.

청운동 이야기

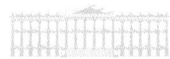

■ 일러두기

1. 우리나라는 고종이 1895년에 태양력을 채용하여, 이해 11월 17일(양력 1896년 1월 1일)을 기준 시점으로 하여 그 전까지는 음력으로, 이후부터는 양력으로 기록하도록 함에 따라 조선왕조실록의 경우 기본적으로 음력 기준으로 날짜를 기록하고, 고종실록 34권부터는 양력 기준으로 날짜를 기록하고 있다. 이는 고종 32년(1895) 9월 9일에 고종이 "정월 초하루를 고쳐 정하여 양력을 쓰되 개국 504년(1895) 11월 17일을 505년(1896) 1월 1일로 삼으라(初九日。詔曰: "三統의 迭用홈이 時를 因ᄒ야 宜를 制홈이니 正朔을 改ᄒ야 太陽曆을 用호ᄃᆡ 開國五百四年十一月十七日로뻐 五百五年一月一日을 삼으라)고 명함으로써 이 해 음력 11월 17일은 고종 33년(1896) 양력 1월 1일이 되어 왕조실록에 적용된 결과이다. 따라서 이 책에서는 1896년 11월 17일을 기준으로 그 이전 날짜는 그대로 음력으로 표기하였고, 그 이후 날짜는 양력으로 표기하면서 필요 시 괄호 안에 음력을 병기하였다.

2. 일본에서는 1872년에 태양력을 채용하여, 이 해 12월 3일(양력 1873년 1월 1일)을 기준 시점으로 하여 그 전까지는 음력으로, 이후부터는 양력으로 기록하고 있다. 따라서 이 책에서는 1872년까지의 연대 기록의 경우 일본측 자료 그대로 음력으로 표기하였고, 필요 시 괄호 안에 양력을 병기하였다.

3. 이 책에서 일본어 표기는 소리글인 한글의 장점을 가장 잘 살려 표준 일본어를 표현하고 있는 최영애-김용옥 일본어 표기법(Table of the C.K. System for Japanese)을 원칙으로 하였다. 다만 고유명사화한 지명은 예외로 하였다.

4. 이 책에 실린 사진 및 그림 등의 출처와 소장처 또는 소장자에 대하여는 뒤쪽에 별도로 상세히 정리하여 학술적 참고자료가 되도록 하였다.

고종 황제가 직접 쓴 글씨로 경운궁 즉조당에 걸려 있던 경운궁 현판
(국립고궁박물관 소장)

오늘날의 경운궁 전경(2018.6.30)

머리말

　오랜 역사와 높은 문화적 역량을 가진 국가는 그에 걸맞은 건축 문화유산을 만들어 왔다. 물론 때로는 외부의 침략으로 인해 그 영향을 받은 건축 문화유산들이 만들어지는 경우도 있다. 이러한 건축 문화유산은 건립 당시 그 국가의 역사, 문화, 사상, 재료, 기술 등을 그대로 담고 있어 그 자체로 종합박물관이며, 이에 따라 지난날의 모습을 생생히 전하는 역할 외에도, 자긍심과 정통성을 높여주거나 역사적 교훈을 주는 역할을 하고 있다.
　조선 후기의 실학 사상과 과학 기술을 집대성하여 만든 수원 화성(1794)이나 비슷한 시기에 프랑스 파리에 신고전주의 양식으로 지어진 팡테옹(1790) 등을 보면서 18세기 후반 무렵 이들 각 국가의 모습들을 다양한 분야에 걸쳐 살펴볼 수 있는 것은 이 때문이다.

　건축 문화유산이 갖는 이러한 성격으로 인해, 이를 만든 국가는 그 유산을 소중하게 보존 관리하기 마련이다. 그 반면 이러한 국가를 침탈한 다른 나라는 역사적 진실을 감추어 침탈 상태를 공고화하고 그 행위를 정당화하기 위해, 이들 건축 문화유산을 없애거나, 축소·변형하고 그 기록을 왜곡하여 부정적인 모습만을 강조하며, 나아가 그 이름까지도 바꾸어 부정적 모습으로 보이게 하는 경우를 볼 수 있다.

일제강점기에 우리나라를 침탈한 일본이 우리나라의 모든 궁궐을 대상으로 전각들을 훼철하고 공원화를 자행하였던 것이 대표적이다. 특히 창경궁의 경우 창경원으로 이름까지 바꾸어 유락 시설로 만들어 그 존엄성을 훼손하고 역사성을 왜곡하였던 것을 볼 수 있다.

이에 따라 건축 문화유산의 경우 그 명칭은 물론이고 역사적 사료를 제대로 바라보는 시각이 매우 중요하며, 이러한 관점에서 반드시 살펴보아야 할 문화유산으로 경운궁이 있다.

경운궁은 덕수궁의 원래 이름이다. 그 역사는 1593년에 시작하였다. 임진왜란으로 인해 모든 궁궐이 불타 사라져 이를 대신할 곳으로 선택되어 창궁(創宮)되면서부터였다. 정식 이름 없이 정릉동 행궁으로 불리던 이 궁을 1611년에 광해가 경운궁(慶運宮)이라 이름한 이래로 1907년까지 약 300년 가까이 사용되었기에, 덕수궁(德壽宮)보다 더 오랫동안 사용되었던 이름이었다. 더욱이 고종이 대한제국 시대를 열면서 황제로 등극한 이래로 헤이그 밀사 사건으로 인해 일본에 의해 황제 자리에서 물러나기 전까지 사용하였던 대한제국 황궁의 이름이었다.

경운궁과 덕수궁은 같은 궁궐을 일컫는 이름이기에 같은 역사가 담겨 있다. 하지만 그 이름을 구분할 경우, 각각의 이름 속에 담긴 역사적 의미와 이에 따른 내용은 전혀 다른 것이다. 덕수궁의 역사는 일본에 의해 왜곡되고 축소되고 변형된 궁궐에 대한 역사로서 뼈아픈 우리 역사의 일부이므로 당연히 알아야 할 것이다. 그렇지만 대한제국 황궁으로서 덕수궁보다도 더 오래 사용되었던 이름이었고, 조선 말 일본의 침탈에 맞섰던 중심지로서 서구 열강과 어깨를 나란히 하는 새로운 제국을 만들기 위해 노력했던 고종 황제의 생생한 역사적 현장이며, 전통적 궁궐 건축물들과의 조화 속에 웅장하고 품격 높은 근대적 서양 건축물들이 들어섰던 경운궁의 역사에 대하여 제대로 아는 것 역시 매우 중요하다. 이로부터 경운궁은 물론이고 이를 둘러싼 우리 역사를 온전히 알 수 있기 때문이다.

그럼에도 불구하고 경운궁 내 전통 전각과 관련해서는 두 차례 화재와 일제 강점기에 일본에 의해 자행된 궁궐 훼철과 공원화 사업 등으로 인해, 고종이 경운궁의 역사적 상징성과 중요성을 모든 이들에게 밝힌 시기(1893) 이래로 경운궁이 어떻게 확장 변천하여 왔는지 제대로 알 수 없는 상황이다. 그리고 이 문제에 대한 해결은 당시 궁역 내 유구에 대한 발굴조사 선행과 함께 국내·외 사료 발굴을 통한 연구 성과들이 축적되어야 가능하다.

이러한 상황에서 경운궁이 언제 창궁(創宮)되어 어떻게 황궁이 되었다가 덕수궁이란 이름으로 바뀌게 되었는지, 고종이 조선의 상징적 법궁으로서 왕권 확립을 위해 중건한 경복궁 대신에 경운궁을 주목할 수밖에 없게 만든 국내외 상황은 어떠했고, 서구적 근대화를 적극 추진하였던 경운궁 시대를 어떻게 준비하였는지, 그리고 경운궁이 황궁이 될 수밖에 없었던 여건은 무엇이었고, 전통 방식의 궁궐 속에 들어서서 황궁의 권위를 뒷받침한 서양 건축물의 면모는 어떠하였는지 등 다양한 내용을 지금까지의 연구 성과에 기반하여 일본이 덧씌운 왜곡을 벗겨내고 살펴볼 필요가 있었다. 이러한 취지에 따라 이 책의 이름을 「경운궁 이야기」로 하고, 경운궁의 역사, 경운궁을 주목한 고종의 시대적 상황과 새로운 시대의 준비, 경운궁의 입지적 특징과 황궁의 권위를 뒷받침한 근대적 서양 건축물 등 크게 세 단원으로 구분하여 경운궁 및 이에 관련된 내용을 살펴보았다.

첫 단원은 경운궁 전체 역사를 개관해 보는 장으로서 4시기로 구분하여 살펴보았다. 처음 정릉동 행궁 시대는 임진왜란으로 소실된 궁궐을 대신하여 궁으로서 역사가 시작되어 실질적인 법궁 역할을 하였던 시기이고, 다음의 경운궁 시대는 광해에 의해 경운궁으로 이름이 지어진 이래 궁궐로서의 지위를 갖고 그 역할을 해 왔던 시기이며, 그 다음 경운궁의 도약 및 황궁 시대는 19세기 말 조선 침략에 나선 일본에 맞서 난국을 극복할 장소로서 고종에 의해 주목받은 이래 황궁이 되어 근대화의 거점이 되었던 시기이다. 마지막 덕수궁 시대는 헤이그 밀사 사건으로 고종의 황제 퇴위와 함께 궁궐 명칭이 덕수궁으로 바뀐 이래 일제 강점기에 일본의 궁궐 공원화 정책 추진으로 황궁의 모습을 완전히 잃게 된 시기이다. 이를 통해 경운궁의 시작부터 영광과 수난의 시기까지의 역사를 알아보았다.

둘째 단원은 경운궁을 주목할 수밖에 없었던 고종의 시대적 상황과 더불어 어려움에 맞서 경운궁에서 새로운 시대를 열기 위해 치밀하게 준비한 고종의 모습을 개관해 보는 장이며, 그 인과 관계에 따라 일본의 시대적 상황에 이어 우리나라의 시대적 상황을 살펴보았다.

우선 일본의 시대적 상황에서는 일본 에도(江戶) 시대의 개요에 대한 이해를 바탕으로 에도 정부의 19세기 상황을 고찰한 후, 에도 정부를 무너뜨리고 새롭게 수립된 메이지(明治) 정부의 성격에 대하여 밝혔다. 이를 통해 고종이 맞닥뜨린 시대적 상황을 제대로 이해함으로써 개방화 정책을 추진하고 경운궁을 주목한 고종의 국제적 안목과 역사에 대한 혜안을 알 수 있겠다.

다음으로 우리나라의 시대적 상황에서는 고종의 즉위 전후 및 친정(親政) 무렵의 상황을 고찰한 후, 조선의 상징적 법궁으로서 왕권 확립을 위해 중건한 경복궁을 떠나 경운궁으로 갈 수 밖에 없었던 상황과 새로운 황제의 시대를 치밀하게 준비했던 고종의 노력에 대하여 밝혔다. 이를 통해 조선 말 세도 정치의 폐해가 쌓인 가운데 국왕에 즉위한 이래로 실권을 쥐어 왔던 부친 흥선 대원군과 그의 사람들로 둘러싸인 속에서도 주눅 잡히지 않고 국제 정세 파악에 의거하여 개방 정책을 추진하고, 또한 임진왜란의 국난 극복 거점이었던 경운궁을 황궁으로 삼아 19세기 말 일본의 침탈에 맞서면서 서구적 근대화에 적극 나섰던 고종의 노력을 알아보았다.

마지막 셋째 단원은 경운궁의 입지적 특징과 더불어 그 궁역 내 건립되어 황궁의 권위를 뒷받침한 근대적 서양 건축물들을 고찰하는 장이다. 여기서는 우선 경운궁을 황궁으로 삼게 된 이유로서 그 입지적 장점과 역사적 상징성 등을 알아보고, 이어서 우리나라에 성립된 근대 건축의 주요 축으로서 자생적 근대 건축 및 서양식을 적극 들여와 만든 근대 건축의 두 계통에 대한 이해를 통해 근대 건축의 현장이었던 경운궁에 대하여 살펴본다. 이러한 우리 근대 건축에 대한 이해를 바탕으로 경운궁의 권위를 드높이기 위해 긴립된 서양 건축물들에 대하여 각각 세부석으로 분석 고찰하여, 황궁 경운궁의 모습을 제대로 이해할 수 있도록 하였다. 이러한 종합적 이해를 바탕으로 하여 일제강점기 때 자행된 일본의 역사 왜곡 실상을 제대로 알 수 있게, 마지막에 일본 메이지 정부의 조선총독부 편찬과장 오다쇼오고(小田省吾)가 쓴《덕수궁사》를 중심으로 그 왜곡 내용을 분석 고찰하였다. 나아가 당시 일본 정부가 일본인을 상대로 다양한 방식으로 진실 왜곡 등을 행했던 역사적 사실들에 대한 고찰 등을 각주에서 밝혀 이러한 일본의 기록 왜곡 배경까지 상세히 살펴보았다.

이 책은 필자가 경복궁관리소에 근무할 때 국립고궁박물관 최나래 선생에게서 강연 요청을 받아 「대한제국의 황궁, 경운궁의 서양 건축물」이라는 주제로 작성 발표한 논고와 문화재청 궁능문화재과에 근무할 때 경복궁 복원사업 등을 총괄 담당하면서 발표한 논문, 그리고 한국과학재단 지원을 받아 니혼대학(Nihon Univ.)에서 근대기 일본과 관련한 학술 연구를 수행하면서 발표한 논문 및 저서 등에 바탕하고 있다. 한국과 일본 두 나라를 중심으로 근대기 이래의 건축 문화유산에 대하여 연구해 온 필자로서는 이 책을 통해 대한제국의 황궁이었던 경운궁을 올바르게 이해하고 지난날의 왜곡된 역사를 바로잡는 데 도움이 된다면 더 이상 바랄 바가 없겠다.

이 책의 출간은 많은 분들의 격려와 도움으로 가능하였다.
우리 문화유산에 대한 뜨거운 열정과 따뜻한 마음으로 아낌없는 신뢰와 격려를 보내 주시는 정재숙 청장님과 김현모 차장님, 문화재에 대한 애정과 경험에서 비롯한 소중한 식견을 들려주시고 응원해 주시는 지병목 관장님, 문화재 업무의 막중한 책임을 인식하시고 무한한 믿음으로 격려해주시는 강경환 기획조정관님과 김계식 활용국장님, 새롭게 자리 잡은 국립고궁박물관에서 깊은 신뢰로 응원해 주시는 김인규 과장님·지연수 과장님, 그리고 국가보훈처에 파견 나가 있는 최나래 선생님과 국립고궁박물관 식구들을 비롯하여 문화재청에 계신 여러분들의 격려에 힘입어 결실을 맺을 수 있었기에 깊이 감사드린다.

또한 올바른 학문의 자세를 본보이시면서 탄탄한 학문적 기본 토대를 쌓을 수 있게 가르침을 주시고 언제나 격려해 주시는 주남철 교수님, 영문 요약을 기꺼이 맡아 도와주신 이현경 박사님과 Sophie Bowman 선생님, 사진 게재를 흔쾌히 허락해주신 기관과 사진 소장자분들, 수치지형도와 북궐도형 및 북궐후원도형을 합친 도면을 제공해주신 김한길 감리단장님, 출판을 맡아 편집부터 교정까지 헌신적으로 노력해 준 권대훈 실장님과 최준 선생님 및 출판사 관계자분들께 거듭 감사를 드린다. 더불어 든든한 동반자로서 항상 응원해주고 때로는 초심을 잃지 않게 조언해 주는 아내와 언제나 큰 힘이 되어 주는 수안·나희에게 이 자리를 빌려 고마운 마음을 전한다.

끝으로 이 책이 경운궁의 역사는 물론이고 근대기의 우리 역사를 제대로 알 수 있는 기본 개설서로서 역할하기를 바란다.

2018년 10월

김성도

추천사

　대한민국의 수도 서울에는 조선시대의 오대 궁궐인 경복궁, 창덕궁, 창경궁, 경희궁, 경운궁(덕수궁)이 있습니다. 세계 어느 나라에도 이처럼 한 도시, 한 수도에 오대 궁궐이 있는 곳은 없습니다. 이들 오대 궁궐은 조선시대의 정치, 철학, 미학 등을 기반으로 당대 최고수준의 건축, 회화, 조각, 공예 등이 총 동원되어 영조(營造)된 문화유산입니다.

　경운궁은 임진왜란으로 피란을 갔다가 서울로 돌아와 머물게 된 월산대군의 궁집[宮家]을 경운궁으로 창궁(創宮)한 궁궐입니다.
　대한제국의 고종황제는 임진왜란으로 폐허가 된 법궁 경복궁을 중건하였고, 경복궁 안에 새로 건청궁을 창건하였으나, 건청궁 옥호루에서 민황후가 일본 낭인들에 의하여 시해당하는 비운을 맞자 경운궁으로 이어(移御)하였으며, 그로부터 경운궁은 대한제국의 최고 위상을 갖는 법궁이 되었습니다.
　고종은 이 궁궐에서 서구적 근대화를 적극적으로 추진하였습니다. 그러나 대한제국을 적극 지지하면서 일본의 개입 불가입장을 확고히 하였던 러시아가 러일전쟁에서 패하게 되자 일본의 침탈을 받게 되었고, 이로 인해 1907년에 이르러 경운궁은 황궁의 역할을 다하게 되었고, 궁궐 이름도 덕수궁으로 바뀌게 되었습니다.

더욱이 대한제국을 강점한 일본은 대한제국 황실의 존엄성을 무너뜨리고 찬란한 우리 역사의 흔적들을 지워나가는 정책 속에서, 경운궁을 공원으로 만들면서 수많은 전각들을 훼철하였습니다. 또한 이러한 야만적 행위를 정당화하고 공고화하기위하여, 일본은 경운궁에 대한 기록들을 부정적 시각으로 폄하고 왜곡된 내용으로 작성하였습니다.

이로 인해 경운궁이 1593년 창궁(創宮)되어 1897년 황궁이 되면서 궁역이 확장되고 새로 영조되었던 수많은 전각들의 정확한 모습들은 현재에는 알 수 없는 상황이 되었습니다.

황궁으로서의 제 모습을 알기위해서는 고종황제 당시 궁역에 대한 발굴조사 등을 통하여 세부적인 연구 분석이 필요한 상태입니다. 다만 최근 문화재청에서 돈덕전 등 서양식 건축물 복원을 포함하여 경운궁 복원·정비를 추진하는 과정에서 경운궁에 대한 국내·외의 관련 자료들을 부족하나마 다소 찾게 되어 다행스러운 일이라 하겠습니다.

이러한 경운궁 연구의 한계 속에서도 경운궁에 덧씌워진 기존의 왜곡된 내용들을 걷어내고 역사적 사실과 객관적 사료에 근거하여, 이 궁궐에 관련된 역사와 주변 정세 및 황궁으로서의 면모를 밝히고, 일제 강점기 당시 조선총독부의 경운궁 역사 왜곡 내용까지 분석하여 저서로 출간되었음을 매우 기쁘게 생각합니다.

이는 저자인 김성도 박사가, 박사학위과정 이래로 30년 가까이 열정적으로 연구업적을 쌓아왔고, 또 이를 바탕으로 문화재청에서 궁궐 관련 업무를 수행하면서 전문적 실무 내용을 학술적으로 구축하여 왔기에 집필 가능한 것입니다.

이 책은 세 단원으로 구성되었습니다.

첫 번째 단원은 기본 사료를 바탕으로 경운궁 전체 역사를 알기 쉽게 설명하고 있습니다. 창궁 이후 황궁이 되어 일본의 침략에 맞서 근대화의 거점이 되었던 약 300백년간의 경운궁 시대와, 일본의 본격적인 침탈에 따른 수난의 시기를 만나 이름까지도 바꾸어야만 했던 덕수궁 시대에 대하여, 기본 사실을 정확하고 명쾌하게 정리하여 밝히고 있습니다. 이를 통해 우리의 역사적 사료에서 나타나는 경운궁 역사의 본모습은 물론이고 궁궐 이름에 담긴 의미의 무게와 역사성에 대하여도 알 수 있습니다. 또한 이들 내용은 이 저서의 마지막 부분에서 분석 고찰한 일제 강점기 당시의 경운궁 역사 왜곡 내용을 알 수 있는 기본 자료로서의 역할을 하고 있습니다.

두 번째 단원은 고종이 경운궁을 주목하게 된 시대적 배경을 깊이 있게 분석 고찰하고 있습니다. 경운궁은 임진왜란과 조선 말기의 두 차례에 걸친 일본의 침탈에 맞서 국난을 수습하는 중심 역할을 맡았던 곳이며, 이 궁궐을 황궁으로 삼은 고종은 일본의 침탈에 맞서 새로운 대한제국 시대를 열기 위한 노력을 이곳 경운궁에서 다했습니다.

19세기 당시의 일본 대외정책의 본질과 고종이 복잡한 국내 상황 속에서도 일본에 말려들지 않았던 고종의 국제적 안목, 역사적 통찰 및 경운궁을 중심으로 한 새로운 시대의 계획에 대하여 이해할 수 있게 하고 있습니다.

또한 이 단원에서는 왕권 확립을 위해 중건하였던 조선의 상징적 법궁인 경복궁의 규모와 특징 등을 밝히면서, 이 웅장하고 유교 규범이 완성된 궁궐을 떠나 경운궁으로 갈 수 밖에 없었던 상황에 대하여도 분석함으로서, 경운궁이 요새화된 궁궐이 되어야하는 당위성에 대한 시각 등 탁견을 보여주고 있습니다.

세 번째 단원은 경운궁의 입지와 역사성과 더불어, 서양식 근대건축을 들여와 지은 근대 서양 건축물들에 대하여 상세히 분석하고 있습니다.

이로부터 적극적으로 대외개방정책을 펼쳤던 광무황제 고종이 서구 열강의 세력을 적극 이용하면서도, 임진왜란 때 왜군을 몰아내고, 이곳에서 다시 나라의 기반을 굳건히 하였던 역사적 상징성을 십분 활용하기 위해, 경운궁을 황궁으로 삼았던 것이었음을 잘 알 수 있게 합니다.

또한 황궁으로서의 권위와 존엄성 및 외부로부터의 침입 방지 등을 고려하여 요새화를 이루고, 전통 전각 속에 조화를 이루며 들어선 여러 근대 서양건축물에 대한 특징들을 잘 살펴볼 수 있습니다.

특히 이 단원에서는 저자의 충실한 사료 조사와 전문적이고 종합적인 식견을 통해, 기존 보고서 등에 나타나는 오류들을 제대로 바로잡는 등의 학술적 성과가 돋보입니다.

무엇보다도 일본 강점기 때 일본이 자행한 역사 왜곡에 대한 심도 있는 분석은 매우 중요합니다. 조선총독부에서 편찬과장을 하였던 오다쇼오고(小田省吾)가 쓴 덕수궁사(德壽宮史)를 중심으로 그 분석을 하는 가운데, 저자는 각주를 통하여 당시 일본 정부가 일본인을 상대로 다양한 방식으로 진실 왜곡 등을 행했던 역사적 사실들에 대한 고찰 등을 밝힘으로서 일본 측의 기록 왜곡 배경을 구체적으로 살펴보고 있습니다. 이로부터 그간 우리들은 일본 측이 남긴 자료들을 무분별하게 인용함으로서 우리들 스스로가 우리의 역사를 왜곡하여 온 많은 점을 잘 알 수 있게 되었습니다.

이 저서는 일반인들과 학생들은 물론이고 문화재와 건축사 분야 전공자들이 필독하여야 할 역저입니다.

그간 끊임없이 연구하며 많은 저서들과 논문들을 발표하고 있는 김성도 박사의 모습을 지켜보아온 저자의 지도교수였던 사람으로서 자랑스럽게 밝히는 바입니다.

2018년 10월 28일

주남철
고려대학교 명예교수

목차

머리말 · 8
추천사 · 14

I
경운궁의 역사

1. 정릉동 행궁 시대(선조 26년~광해 4년) · 22
2. 경운궁 시대(광해 4년~고종 30년) · 22
3. 경운궁의 도약 및 황궁 시대(고종 30년~광무 11년) · 24
4. 덕수궁 시대(순종연간~) · 27

II
경운궁을 주목한 고종의 시대적 상황과
새로운 시대의 준비

1. 일본의 시대적 상황 · 32
   1) 일본 에도 정부(江戶政府)의 19세기 상황 · 32
      ■ 일본 에도 시대 개요 · 32
      ■ 에도 정부의 19세기 상황 · 33
   2) 일본 에도 정부를 무너뜨리고 수립된 메이지 정부(明治政府)의
      성격 및 19세기 중반 상황 · 40

2. 우리나라의 시대적 상황 • 45
    1) 고종 즉위(卽位) 무렵의 상황 • 45
    2) 고종 친정(親政) 무렵의 상황 • 48
    3) 왕권 확립을 위해 중건한 조선의 상징적 법궁 경복궁의 특징과
       그 허점에 따른 경운궁의 주목 • 52
    4) 대내외적 시련 속 고종의 경운궁 시대 준비 • 59

III

경운궁의 입지적 특징과 황궁의 권위를 뒷받침한 근대적 서양 건축물

1. 입지적 장점과 역사적 상징성을 갖춘 대한제국의 황궁, 경운궁 • 68
2. 자생적 근대 건축을 넘어 서구적 근대 건축 병행의 현장, 경운궁 • 71
3. 경운궁 내 근대적 서양 건축물 • 74
4. 일본 메이지 정부의 경운궁 역사 자료 관련 사료 고찰 • 96

각주 • 102
참고문헌 • 176
자료 출처 및 소장처 • 181
찾아보기 • 186

19

I

경운궁의 역사

경운궁은 덕수궁의 원래 이름이다. 그 역사는 1593년에 시작하였다. 임진왜란으로 인해 모든 궁궐이 불타 사라져 이를 대신할 곳으로 선택되어 창궁(創宮)되면서부터였다. 정식 이름 없이 정릉동 행궁으로 불리던 이 궁은 1611년에 광해에 의해 경운궁(慶運宮)으로 이름 지어졌다. 창궁 때부터 임진왜란 수습 중심 장소가 되었던 역사성과 상징성을 주목한 고종에 의해 대한제국의 황궁이 된 이래로, 이곳은 19세기 후반 재차 침탈에 나선 일본에 맞서면서 서구 열강과 어깨를 나란히 하는 새로운 제국을 만들기 위해 노력했던 고종 황제의 생생한 역사적 현장이자 근대화의 중추적 장소가 되었다.

이 장에서는 이러한 경운궁의 전체 역사를 개관해 보는 장으로서 4시기로 구분하여 살펴보았다. 처음 정릉동 행궁 시대는 임진왜란으로 소실된 궁궐을 대신하여 궁으로서 역사가 시작되어 실질적인 법궁 역할을 하였던 시기이고, 두 번째 경운궁 시대는 광해에 의해 경운궁으로 이름이 지어진 이래 궁궐로서의 지위를 갖고 그 역할을 해 왔던 시기이다. 세 번째 경운궁의 도약 및 황궁 시대는 19세기 말 조선 침략에 나선 일본에 맞서 난국을 극복할 장소로서 고종에 의해 주목받은 이래 황궁이 되어 근대화의 거점이 되었던 시기이다. 마지막 덕수궁 시대는 헤이그 밀사 사건으로 고종의 황제 퇴위와 함께 궁궐 명칭이 덕수궁으로 바뀐 이래 일제 강점기에 일본의 궁궐 공원화 정책 추진으로 황궁의 모습을 완전히 잃게 된 시기이다. 이를 통해 경운궁의 시작부터 영광과 수난의 시기까지의 역사를 고찰하도록 한다.

1. 정릉동 행궁 시대(선조 26년~광해 4년)

경운궁(慶運宮)은 덕수궁(德壽宮)을 말하며, 처음에 정릉동 행궁으로 불렸다.

임진왜란 당시 선조[1]는 피난을 갔던 의주로부터 한양에 1593년 10월 4일 돌아왔는데 경복궁, 창덕궁, 창경궁 등 모든 궁궐이 불 타버린 까닭에 이때로부터 1백여 년 전 월산 대군[2]이 살았던 정릉 인근의 고택에 머무르게 되었다. 이로 인해 이 고택은 국왕이 거처하는 궁으로 만들어져 정릉동 행궁으로 지칭되면서 경운궁의 역사가 시작되었다.

이날의 상황에 대해 조선왕조실록에서는 국왕이 아침에 벽제역을 출발하여, 낮에 미륵원에 들러 수라를 들었고, 저녁에 정릉동 행궁에 들어갔다고 기록하고 있다.[3] 이 궁에서 선조는 이날 이후로 말년까지 보냈고, 1608년 2월 1일 임종하였다.

임종 다음날인 2일에 광해는 대신(정2품 이상인 신하)과 승정원(왕명 출납을 관장하던 기구)[4] 및 옥당[5] 등이 계속 어좌에 오를 것을 청함에 따라 수차례 사양한 후 받아 들여 즉위하였다.[6]

정릉동 행궁으로 불리던 시기의 경운궁은 전란의 와중에 창궁(創宮)하였기에 궁궐 격식을 온전히 갖춘 궁이 아니었지만, 조선의 유일한 법궁[7]으로 그 역할을 하면서 일본이 일으킨 전란을 수습하는 중추적 장소가 되었다.

2. 경운궁 시대(광해 4년~고종 30년)

정릉동 행궁에서 즉위한 광해는 재건한 창덕궁[8]으로 1611년 10월 4일 이어한 후 일주일이 지난 10월 11일에 정릉동 행궁의 이름을 경운궁으로 지었고,[9] 이때부터 이 궁궐의 이름은 경운궁이 되었다.

이로부터 얼마 지나지 않아 광해는 선조의 계비(繼妃. 왕이 다시 결혼을 하여 맞은 왕비)인 인목대비에게 문안하는 등의 일에 불편하다는 이유 등을 들어 신하들의 만류가 있었음에도 기어코 같은 해 12월 20일 경운궁으로 돌아왔다. 그리고 창덕궁으로 다시 옮기기를 청하는 신하들의 거듭되는 상소에도 불구하고 1615년 4월 2일에 창덕궁으로 이어하기까지 약 3년 4개월간 머물렀다.[10] 이는 광해가 경운궁에 길한 기운이 있음을 들었던 것도 그 이유이지만,[11] 이곳에서 젊은 시절을 보냈고 또한 왕위에 올랐기에 경운궁에 큰 애착을 갖고 있었음도 그 이유임이 자명하다. 이에 따라 광해는 창덕궁으로 옮겨간 후에도 경운궁에 이어할 가능성을 내비치면서 지속적으로 경운궁 보수에 힘을 기울였다.[12]

그런데 광해 지지 세력(대북파)이 "김직재의 옥(1612.2)"[13] 사건을 일으켜 왕권에 위협이 되었던 세력(소북파)을 제거한 데 이어, "은상 살해 사건(1613)"[14]을 역모로 비화시켜 계축옥사(1613)를 일으켜 선조의 적장자이자 인목대비의 소생인 영창대군과 인목대비의 아버지인 김제남을 제거하는 사건이 일어났다.

이러한 일련의 사건 속에서 광해 7년(1615) 인목대비는 사실상 죄인이 되어 경운궁에 갇혀 지내게 되고[15] 존호도 폐하여 서궁(西宮)으로 칭해졌고, 이에 따라 광해는 인목대비가 있는 경운궁으로 다시 돌아오지 않았다.

이 경운궁은 광해 연간 당시 유학자들의 상소 내용에 법궁으로 언급되기도 하였는데,[16] 궁궐로서 규모가 크지 않고 민가에 가까이 위치하는 등 불리한 여건이 없었음에도 불구하고[17] 그 위상이 높았음을 알 수 있다.

한편, 광해의 왕권에 위협이 되었던 영창대군을 죽이고 인목대비를 유폐한 일련의 사건들은 이에 반대하던 세력에게 무력 정변의 구실을 주게 되었다. 마침내 인조는 서인 일파[18]의 도움을 받으며 1623년 3월 13일 자신의 군사를 거느리고 정변을 일으켜 인목대비를 복위시킨 후 대비의 명에 따라 이 경운궁에서 왕으로 즉위하였고,[19] 광해는 폐위되어 강화도에 유배되었다.

경운궁은 광해에 의해 그 이름이 붙여진 후 조선의 법궁으로서의 기존 지위를 일정 기간 이어갔고, 꾸준히 관리되었던 궁궐이었으며, 광해와 인조 두 국왕이 즉위한 곳이었다. 인조 이후에도 조선의 국왕들이 경운궁 수리를 명하였고 이곳을 다녀갔지만[20] 고종의 시대를 맞아 고종이 주목하기 전까지는 선조 및 광해 당시와 같은 위상을 갖지는 못했다.

3. 경운궁의 도약 및 황궁 시대(고종 30년~광무 11년)

고종은 경운궁을 임진왜란이라는 전대미문의 국난을 수습하였던 곳으로 중시하였으며, 19세기 후반 재차 조선 침략에 나선 일본에 맞서 난국을 극복할 장소로서 주목하였다. 이에 따라 1893년 8월 2일에 임진왜란 때 경운궁에서 사직을 반석같이 다져놓았던 조상의 뜻을 이어받겠다는 뜻을 대내외에 천명하였다.

이는 경운궁의 역사가 시작된 때로부터 300년 되는 해인 고종 30년(1893)에 고종이 내린 지시를 통해 잘 알 수 있다. 이를 보면, "지난 선묘(宣廟) 시기인 계사년(1593) 10월 4일, 경운궁(慶運宮)에 돌아와서 위태로운 나라 형편을 수습하여 반석같이 다져 놓았다. 당시의 나라 형편을 회상하면 비통하고도 다행한 생각이 늘 마음속에 간절하다… 흠모하는 정과 조상의 뜻을 이어 받들려는 나의 의로운 마음을 더구나 스스로 막을 수 없다. 그 날 경운궁에 나아가 그 길로 즉조당(卽阼堂)에 참배할 것이니 제반 의식 절차를 예조(禮曹)에서 규례를 상고해서 마련하라."고 명하고 있다.[21]

그 후 고종은 같은 해 10월 4일 경운궁 즉조당에 나아가 참배 후 선조의 경운궁 환궁 300년을 축하하는 하례를 받고 사면 반포를 통해[22] 경운궁의 역사적 의미를 신하와 백성들 모두와 공유하였다. 더욱이 이 자리에서 고종은 영조(재위 1724~1776)의 경우 경운궁 즉조당을 여덟 차례 방문하였고, 그 중 선조의 경운궁 환궁 200년이 되는 계사년(1773)에 두 차례 방문하였다는 사실을 밝혀, 역대 국왕이 임진왜란의 교훈을 잊지 않고 있음을 알림으로서, 경운궁의 역사적 의미와 중요성을 거듭 강조하였다.

그리고 임오군란(1882),[23] 갑신정변(1884),[24] 명성왕후 시해 사건(1895) 등 국가적 혼란을 수습하고 일본의 침략에 대응하는 근거지로 삼기 위해 이에 필요

고종 및 왕세자(훗날의 순종) 모습
(국립고궁박물관 소장)

한 준비를 거쳐 아관 파천[25] 직후인 1897년 2월 20일(음력 1월 19일)[26]에 이곳 경운궁으로 이어하였다.

이때의 과정을 살펴보면 다음과 같다.

- 고종은 왕세자와 함께 러시아공사관으로 옮겨갈 때, 왕태후[27]와 왕태자비[28]를 경운궁으로 옮기게 하여(1896.2.11) 경운궁을 황궁으로서 기틀을 갖추도록 본격적으로 수리할 수 있는 여건을 만들었다.
- 이어서 경운궁과 경복궁을 수리한 후 거처를 확정하겠다고 밝힌(1896.2.16) 후, 열성조가 임어하였던 중요한 곳인 경운궁을 수리하라고 명하여(1896.8.10), 경운궁의 중요성을 알리고 그 수리를 하게 하였다.
- 뒤이어 빈전과 진전을 경운궁 별전으로 옮길 것(1896.8.23)과 집옥재에 봉안한 어진을 경운궁 별당으로 이봉할 것을 명하여(1896.8.31) 법궁으로서의 격식을 갖추도록 하였다.
- 그 후 진전과 빈전이 옮겨지자(1896.9.4), 진전과 빈전이 옮겨졌기에 경운궁으로 이어하는 것은 당연한 것이므로 조속히 경운궁 수리를 끝내라고 명하여(1896.10.31) 경운궁으로 옮겨가는 명분을 분명히 하면서 궁궐 수리를 서두르도록 하였다.
- 그리고 마침내 경운궁으로 옮겨갈 것을 명하고환어(1897.2.20)하였다.[29]

1895년 건립을 명하여 1897년 건립된 환구단 영역 부분 발췌(국립고궁박물관 소장)

1901년경 경운궁 전경(대안문과 원수부 및 주변 망대 뒤편으로 구성헌과 정관헌 등이 보이고 있음
(국립고궁박물관 소장)

한편 새로운 제국 수립을 준비했던 고종은 경운궁 창궁 300년 기념식전을 한 지 얼마 지나지 않은 1895년 5월 20일에 환구단[30]을 건립하도록 명하였고, 이 환구단에서 1897년 10월 12일(음력 9월 17일) 황제 즉위식을 거행하고 조선의 국호를 대한제국으로 선포하여[31] 자주독립국가임을 천명하였다. 이에 따라 경운궁은 대한제국 황궁이 되었다.

　이 시기의 경운궁은 3백 년 전에 이미 임진왜란을 수습했던 곳으로서의 상징적 의미를 살려 19세기 말 재차 조선 침탈에 나섰던 일본에 맞서면서 서구 열강과 어깨를 나란히 하는 새로운 제국을 만들어갔던 중심 장소가 되었다. 또한 고종을 알현하기 위해 찾아온 세계 각국의 사람들에게 오랜 역사의 문화 국가로서 황제국인 대한제국의 역량을 잘 보여주었던 곳으로서 서구 열강과의 적극적 외교가 이루어졌던 곳이었다. 이를 위해 이 황궁에는 화려하면서 서양보다 더 서양다운 근대적 서양식 건축물과 전통적 한식 궁궐 건축물이 조화롭게 구성되었다.

4. 덕수궁 시대(순종연간~)

　고종은 경운궁을 대한제국의 중심지로 삼고서 새로운 학문과 문물을 전통적 학문만큼이나 중요하게 인식하여 적극 받아들이면서 강대국의 세력 균형을 적절히 활용하여 일본의 침탈을 극복하고 새로운 국가를 만들고자 하였다.

　그러나 일본의 침탈 속에 전혀 예상치 못하게 1904년 2월 발발한 러일 전쟁[32]에서 러시아가 패배하였다. 그 결과로 대한제국의 외교권을 강탈당하는 상황이 되어 이를 타개하고자 시도한 1907년 헤이그 밀사 사건이 결실을 제대로 맺지 못하는 상황에 직면하면서, 일본에 의해 강제로 황제 자리를 순종에게 물려주게 되었다.

　고종은 1907년 황태자에게 제위를 물려주고 황제에서 물러난 후, 거처를 창덕궁으로 옮겨간 순종[33]과 달리, 계속 경운궁에 머물렀다. 이 때 경운궁은 그 이름이 덕수궁으로 바뀌었고,[34] 지금에 이르고 있다.

덕수궁으로 이름이 바뀌게 된 상황에 대해 순종실록에서는 1907년 8월 2일에 이윤용이 덕수(德壽)로 할 것을 상주하여,[35] 순종이 윤허하였다고 기록하고 있다.

경운궁은 순종 이래로 덕수궁으로 이름이 바뀐 후, 일제 강점기를 맞아 일본

공원화된 경운궁과 황궁우의 1935년경 전경(국립중앙도서관 소장)

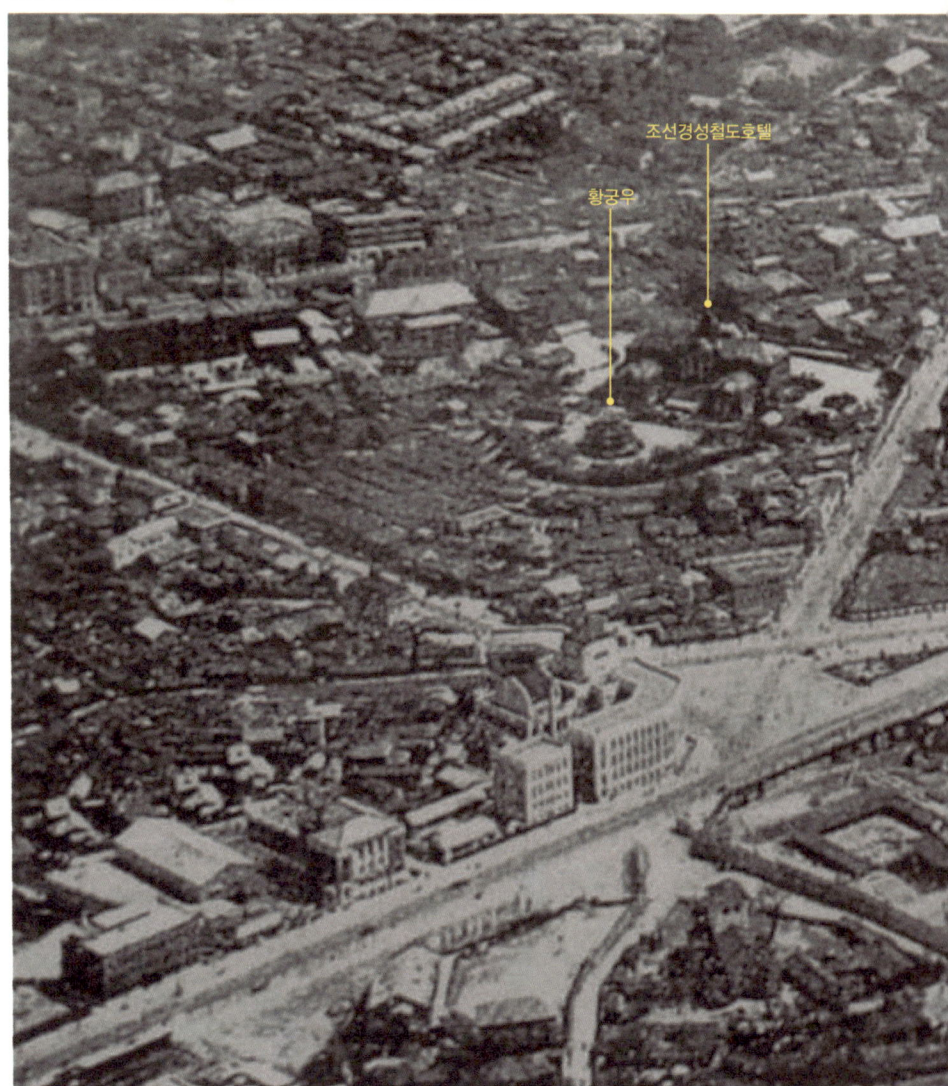

의 궁궐 공원화 정책 속에 황제국의 상징으로서 황궁의 핵심 시설인 환구단(圜丘壇)은 물론이고 궁궐 내 서양식 건축물들을 포함하여 황궁의 모습을 간직했던 많은 건축물들의 철거 및 궁궐 영역의 축소가 자행되면서 대한제국 당시의 웅장하고 화려했던 모습을 완전히 잃게 되었다.

중화전
석조전

경운궁을 주목한
고종의 시대적 상황과
새로운 시대의 준비

경운궁은 임진왜란에 이어 19세기 후반에 우리나라를 재차 침탈해 온 일본에 맞서 극복하고 나아가 새로운 부흥의 시대를 여는 중심 장소로서 고종이 주목하고 실행에 옮겨 황궁으로 삼은 궁궐이다.

이 장에서는 왕권 확립을 위해 조선 최초의 궁궐로서 상징성을 갖는 법궁 경복궁을 중건하였음에도 불구하고 경운궁을 주목할 수밖에 없었던 고종이 맞닥뜨렸던 시대적 상황을 제대로 이해하기 위하여 우선 직접적인 관련이 있는 일본의 상황을 살펴보고, 다음으로 우리나라의 상황에 대하여 살펴보도록 한다.

이에 따라 일본의 상황과 관련해서는 일본 에도(江戸) 시대 전반에 대한 개요에 이어 19세기의 에도 정부 상황을 살펴본 후, 에도 정부를 무너뜨리고 새롭게 수립된 메이지 정부의 성격과 당시 상황에 대하여 밝히도록 한다.

그리고 우리나라의 상황과 관련해서는 고종의 즉위 전후 및 친정 무렵의 상황을 살펴본 후, 고종 때 조선의 상징적 법궁으로서 웅장한 위용과 유교 규범을 갖춰 중건된 경복궁이 지닌 허점으로 인해 이를 떠나 경운궁으로 갈 수 밖에 없었던 상황과 새로운 대한제국 시대를 준비했던 고종의 치밀했던 노력에 대하여 고찰하도록 한다.

1. 일본의 시대적 상황

1) 일본 에도 정부(江戶政府)의 19세기 상황

■ 일본 에도 시대 개요

일본의 경우 17세기부터 19세기 중반 무렵까지는 토쿠가와(德川)씨 가문이 에도(江戶)를 본거지로 하여 지배하였던 무인 정권의 시대로, 에도 시대(江戶時代)[36]로 구분하고 있다.

이 시대에는 에도 정부[37]가 일본 내 각 지역에서 할거하던 다이묘오(大名)[38]들을 통합하여 지배하면서 절대 권력을 갖고 정치를 행하였다. 특히 불교계를 활용하여 기독교의 유입을 막고 민중을 적절히 통제하기 위한 정책을 추진하였다.

이에 따라 각 종파별로 상위 사찰이 하위의 소속 사찰을 통제하도록 본사(本寺)와 말사(末寺) 간 관계를 규정한 혼마쯔(本末) 제도를 확립한 후, 모든 민중들로 하여금 예외 없이 불교 신도로서 정부 공인 사찰에 소속하도록 하는 단카(檀家)[39] 제도를 확립하였다.

그리고 이들 사찰들에게 소속 신도에 대하여 기독교도가 아니고 불교도라는 것을 증명하도록 하는 테라우케(寺請) 제도[40]를 확립하였으며, 민중들의 경우 이들 사찰에서 발급한 증명서인 테라우케쇼오몬(寺請證文)[41]을 지녀야만 이주, 고용, 여행 등 사회 활동을 할 수 있게 하여, 기독교 유입 방지를 포함하여 민중에 대한 통제를 철저히 하였다.

그 결과 각 마을에 있는 말사는 단카(檀家) 제도와 테라우케쇼오몬(寺請證文) 제도를 통해 민중을 관리하고, 본사는 이러한 말사를 관리하며, 에도 정부는 본사 관리를 통해 불교계와 민중 모두를 통제할 수 있는 독특한 통치 체계가 확립되었다.[42]

에도 정부의 종교 정책을 받아들인 불교계는 종교로서의 독립성을 상실한 대신, 소속 신도에 대한 증명서 발급 및 장례식 독점 권한과 상납금(檀家役) 징수

특권을 부여 받아 세속적 지위와 경제적 기반을 보장받았고, 무인 정권의 틀 속에 편입되어 계층화된 서열 조직을 이루고 민중을 통제하는 세속적 권력 기관이 되었다.

이러한 시대 상황 속에서 모든 민중은 자신이 속한 사찰에 신도로서 상납금(檀家役) 납부 의무가 있었고, 말사는 본사에 상납금(末寺役) 납부 의무가 있었다. 그런데 말사의 상납금은 대개 신도의 상납금으로 충당하였으므로, 결국 민중이 모든 부담을 떠맡게 되었다.[43]

이 정책으로 불교계가 민중을 완전 지배하게 되면서 가장 곤란하게 된 것은 이를 적극 추진했던 에도(江戸) 정부와 지방의 지배층이었다. 조세를 부과할 때면 민중들은 이미 불교계에 우선적으로 상납금을 징수당하여 경제적 여력이 없었으므로,[44] 이들은 결국 민중들에게 조세를 과도하게 부담 지울 수밖에 없게 되었고,[45] 부족한 재정을 확보할 방안을 마련하여야 했다.

■ 에도 정부의 19세기 상황

에도(江戸) 정부와 지방의 지배층은 재정이 부족한 상황이 이어지면서 19세기에 이르러 전매 사업에 직접 개입하여 재정 확충을 도모하였고, 이에 따라 영리 작물에서 얻어야 할 수익마저 감소하게 된 농민들은 이에 항의하여 봉기하였다.[46] 에도 시대 당시 약 3,200건의 농민 봉기가 발생하였는데, 대개 조세 감면, 관리 교체, 전매제 반대 등을 내세웠던 경우가 많았던 사실에서[47] 그 시대적 상황이 잘 드러나고 있다.

이런 상황에 더하여 19세기 들어와 발생한 냉해, 홍수, 태풍 등 자연 재해로 인해 기근이 이어졌고, 지진으로 인해 대규모 인명 피해까지 발생하여, 에도 정부의 어려움은 더욱 커졌다.[48]

에도 정부는 이러한 대내적인 문제들 외에도 대외적인 문제에도 직면하였다. 서구 열강의 문호 개방 압력에도 불구하고 쇄국 정책으로 일관하다가, 1854년 미국의 무력시위에 굴복하여 카나가와(神奈川)에서 미국과 조인하여 시모다(下

田)와 하코다테(函館)를 미국에 개방하였다.[49] 뒤이어 1858년에 서구 열강 5개 국과 불평등조약(安政五か國條約)을 체결하였으며,[50] 이 조약에 따라 미국, 네델란드, 러시아, 영국, 그리고 프랑스의 5개국에서 파견한 공사가 에도에 주재하였고, 1859년 6월(양력 7월)부터는 카나가와(神奈川), 나가사키(長崎), 하코다테(函館) 세 곳이 무역항으로 개항되었으며, 이어서 니가타(新潟), 효고(兵庫, 현 고베神戶)의 두 항구와 에도(江戶), 오사카(大阪)의 두 도시를 개방하는 시기가 결정되었다.[51]

조약에 따라 개항장에서 무역이 이루어지면서 일본 내 경제는 곧바로 위기 상황에 빠졌다. 당시 일본에서 가장 주요한 화폐로서 은화인 이찌부긴(一分銀)[52]은 통화 단위가 금 시세와 밀접하게 연결되어 있었는데, 금과 은의 국제 시세 비율이 1대 15인 것에 대하여 일본에서는 약 1대 5로 금 시세가 낮고 은 시세가 높게 평가되어 있었기에, 대량으로 금이 유출되고 은이 유입되면서 일본 경제 전반에 큰 혼란이 일어났다. 또 수출로 인해 쌀을 포함하여 온갖 물가가 급격히 오르면서 민중은 심각한 생활난을 겪게 되었다.[53]

이에 더하여 자국 거류민 보호 명분으로 1863년에 영국과 프랑스 두 나라의 군대가 요코하마(橫浜)에 주둔하기에 이르렀다.[54]

에도 정부는 대내외적 문제들을 타개하기 위해 노력하였으나 어려운 상황에 처하면서 그 절대적 권위가 무너져 갔고, 이를 틈타 에도 정부의 대외 정책에 반대하며 존왕양이(尊王攘夷)를 내세운 정치 세력[55]이 19세기 후반 들어와 등장하였다. 이들은 에도(江戶) 정부 타도를 목적으로 하는 반정부 세력[56]으로 성장했다.

이들 반정부 세력은 당시의 대내외적 사회 혼란을 적절히 이용하면서 필요에 따라 테러와 폭력으로[57] 사회 혼란을 증폭시켜 정권 교체 명분을 만들어 갔다. 이와 더불어 에도 정부의 정보 수집 기능을 마비시키면서 교토의 왕실 장악을 위한 정변을 준비하였고, 자신들을 탄압하며 에도 정부 편에 섰던 코오메이(孝明, 1831~66)왕을 제거하고 15살의 메이지 왕을 옹립하여 왕실을 확실하게 장악

하였다.⁵⁸

 마침내 1867년 12월 9일(양력 1868년 1월 3일) 교토 조정에서 정변을 일으켜, 쇼오군(將軍) 제도 폐지와 왕정복고(王政復古)를 선언하였다. 이날 곧바로 소오사이(總裁)⁵⁹, 기죠오(議定)⁶⁰, 산요(參與)⁶¹의 세 관직이 중심이 된 메이지(明治)왕 옹립 정부를 조직하였고, 사이고오타카모리(西鄕隆盛)⁶² 등 산요가 이 새로운 정부의 실권을 장악했다.

 당일 밤 이들 세력은 회의를 개최하여 토쿠가와요시노부(德川慶喜)에게 최고 통치자로서의 직위를 포기하고 그 영지를 새로 성립된 정부에 반납할 것을 결정했다.

 이에 대해 에도(江戶) 정부는 무력 응징을 결정하였다. 그런데 최고 통치자인 토쿠가와요시노부(德川慶喜)⁶³가 자신의 안전을 보장받는 조건으로 1868년 4월 에도성을 반정부 세력에 열어주는 최악의 상황을 맞았다. 최고 통치자가 적군에 투항한 가운데, 토쿠가와씨 가문의 일파인 히토쯔바시(一橋) 가문이 중심이 되어 우에노(上野) 지역에서 칸에이지(寬永寺)를 근거지로 삼아 쇼오기타이(彰義隊)라는 군대를 결성하여 맞서 싸웠으나 같은 해 9월에 에도성(江戶城)이 함락되기에 이르렀다.⁶⁴

칸에이지(寬永寺)의 키요미즈도오(淸水堂) 벽체에 걸린 우에노 전투 모습(2003.9.6)

칸에이지는 토쿠가와(德川)가의 기도처이자 보리사(菩提寺)였으며, 1868년 에도군 쇼오기타이(彰義隊)가 주둔하며 끝까지 메이지군에 맞서 싸운 곳이었다. 이 전쟁으로 주요 불전은 소실되었다. 이후 메이지 정부는 공원용지로 지정(1873)하여 우에노공원으로 개발하였고 지난날의 흔적을 지웠다.

1849년 에도성(江戶城) 배치도

1. 혼마루오오오쿠(本丸大奧 : 將軍의 부인과 측실 등이 거처하는 공간)
2. 나카오쿠(中奧 : 將軍이 거주하는 관저로 정무 공간)
3. 오모테(表 : 將軍 알현 등 의례 및 공무 공간)
4. 니노마루고텐(二ノ丸御殿)
5. 니노마루(二ノ丸 : 쇼오군将軍에서 물러난 후의 거처)
6. 모미지야마(紅葉山 : 니시노마루의 東北에 있는 언덕)
7. 니시노마루(西ノ丸)
8. 키타노마루(北ノ丸)
9. 산노마루(三ノ丸)
10. 산노마루(三ノ丸)

한편 에도 정부를 지지하는 기존 세력은 여전히 건재하였으나, 이들 세력과 당시 대규모의 민중 봉기 세력 간에 충돌을 조장하여 양측 모두의 힘을 약화시키도록 한 메이지 신정부의 선동 정책에 말려들어 점차 무력화되었다.

한 사례로서 에도 정부 영토였던 오키 섬(隱岐諸島)의 경우, 그 관리를 맡고 있는 마쯔에한(松江藩 : 이즈모出雲 시마네군島根郡에 설치된 한藩)에 대항하여 일어난 민중 봉기를 지지하였던 메이지 신정부는 마쯔에한이 신정부에 충성을 맹세하자 곧바로 오키(隱岐) 도민(島民)을 진압하도록 지시하였다. 그러는 사이에 에찌고(越後)와 오우우(奧羽)의 제 지역이 연합하여 신정부에 항전해 오자, 교토(京都)와 에찌고(越後)·이데와(出羽)의 해상교통로 요지인 오키 섬(隱岐諸島 : 시마네켄島根縣 북부에 있는 섬)의 관리를 맡고 있던 마쯔에한(松江藩)에 대해 불안감을 갖고, 1868년 5월에 마쯔에한이 마음대로 도민을 살상하였다는 이유를 들어 오키 섬 관리를 돗토리한(鳥取藩)으로 바꿔 맡긴 후, 오키 도민의 자치를 허락하였다. 이후 내란이 끝나자 신정부는 오키 도민의 자치를 재차 불허하였고, 2년 뒤 투쟁에 참여했던 오키 도민 간부를 마쯔에한에 무력으로 반항한 죄로 처형하였다.[65]

당시 메이지 신정부는 민중에게 조세(年貢) 반감 등 시행 불가능한 약속을 하여 민중 세력으로 하여금 에도 정부 세력을 제거하도록 선동하였고, 그 목적을 달성하면 곧바로 민중 세력을 가차 없이 처단함으로써 양측의 힘을 약화시켰고, 신정부의 권력 강화를 도모하였다.

이러한 가운데 에도 정부군[66]은 홋카이도(北海道) 하코다테(函館)로 근거지를 옮기고 항전을 계속하면서 새로운 독립국인 에조가시마(蝦夷島) 공화국을 세웠다. 하지만 다음 해인 1869년 봄에 시작된 메이지 정부군의 총공격을 견디지 못하고 이 해 5월에 항복하였다.[67]

사이카이도오(西海道)		산인도오(山陰道)		산요오도오(山陽道)		난카이도오(南海道)		키나이(畿內)	
이키(壹岐)	나가사키(長崎)	이와미(石見)	시마네(島根)	나가토(長門)	야마구찌(山口)	이요(伊豫)	에히메(愛媛)	셋쯔(攝津)	오오사카(大阪), 효오고(兵庫)
히젠(肥前)	나가사키(長崎), 사가(佐賀)	이즈모(出雲)	시마네(島根)	스오오(周防)	야마구찌(山口)	토사(土佐)	코오찌(高知)	이즈미(和泉)	오오사카(大阪)
히고(肥後)	쿠마모토(熊本)	오키(隱岐)	시마네(島根)	아키(安藝)	히로시마(廣島)	사누키(讚岐)	카가와(香川)	카와찌(河內)	오오사카(大阪)
찌쿠젠(筑前)	후쿠오카(福岡)	호오키(伯耆)	톳토리(鳥取)	빈고(備後)	히로시마(廣島)	아와(阿波)	토쿠시마(德島)	야마시로(山城)	교토(京都)
찌쿠고(筑後)	후쿠오카(福岡)	이나바(因幡)	톳토리(鳥取)	빗쮸우(備中)	오카야마(岡山)	아와지(淡路)	효오고(兵庫)	야마토(大和)	나라(奈良)
부젠(豊前)	후쿠오카(福岡), 오오이타(大分)	타지마(但馬)	효오고(兵庫)	비젠(備前)	오카야마(岡山)	키이(紀伊)	와카야마(和歌山), 미에(三重)		
분고(豊後)	오오이타(大分)	탄바(丹波)	효오고(兵庫), 교토(京都)	미마사카(美作)	오카야마(岡山)				
휴우가(日向)	미야자키(宮崎)	탄고(丹後)	교토(京都)	하리마(播磨)	효오고(兵庫)				
사쯔마(薩摩)	카고시마(鹿兒島)								
오오스미(大隅)	카고시마(鹿兒島)								

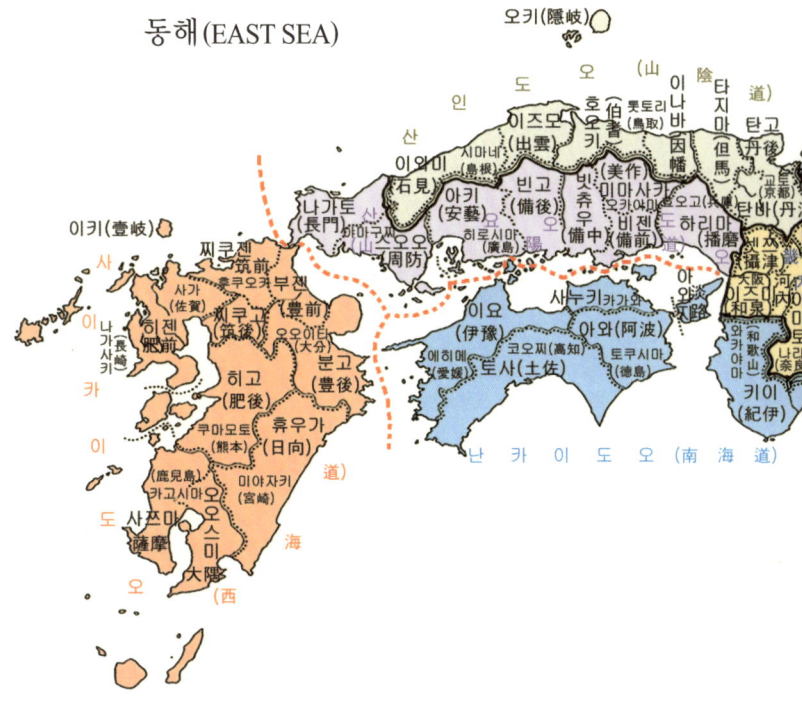

1868년경 일본 지도 및 지명

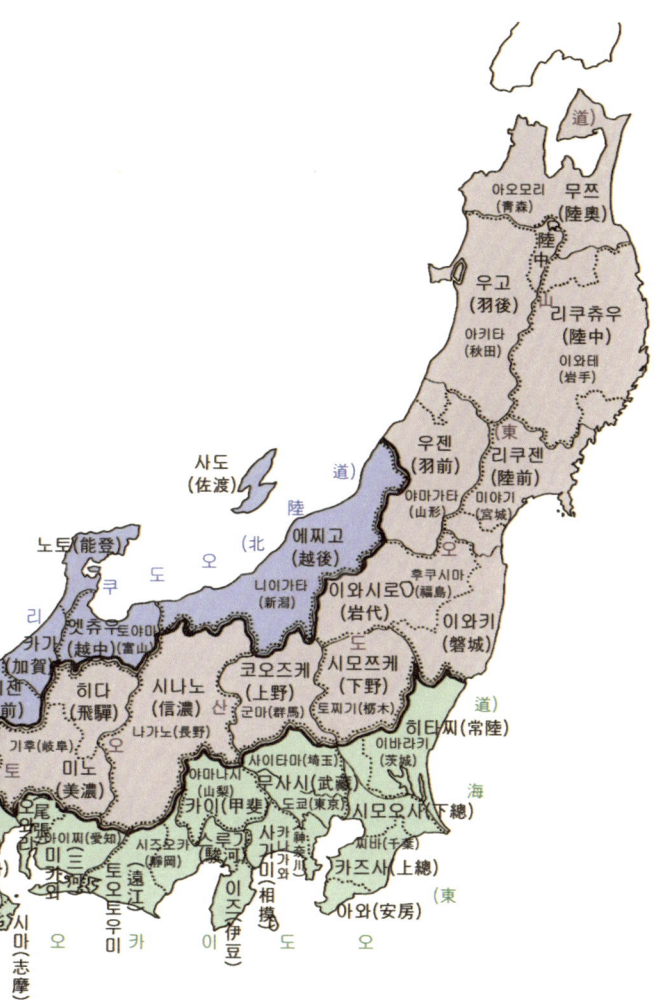

호쿠리쿠도오(北陸道)	
와카사(若狹)	후쿠이(福井)
에찌젠(越前)	후쿠이(福井)
카가(加賀)	이시카와(石川)
노토(能登)	이시카와(石川)
엣츄우(越中)	토야마(富山)
사도(佐渡)	니이가타(新潟)
에찌고(越後)	니이가타(新潟)

토오산도오(東山道)	
오오미(近江)	시가(滋賀)
미노(美濃)	기후(岐阜)
히다(飛驒)	기후(岐阜)
시나노(信濃)	나가노(長野)
코오즈케(上野)	군마(群馬)
시모쯔케(下野)	토찌기(栃木)
이와시로(岩代)	후쿠시마(福島)
이와키(磐城)	후쿠시마(福島), 미야기(宮城)
우젠(羽前)	야마가타(山形)
우고(羽後)	아키타(秋田)
리쿠츄우(陸中)	이와테(岩手), 아키타(秋田)
리쿠젠(陸前)	미야기(宮城), 이와테(岩手)

토오카이도오(東海道)	
이가(伊賀)	미에(三重)
이세(伊勢)	미에(三重)
시마(志摩)	미에(三重)
오와리(尾張)	아이찌(愛知)
미카와(三河)	아이찌(愛知)
토오토우미(遠江)	시즈오카(靜岡)
스루가(駿河)	시즈오카(靜岡)
이즈(伊豆)	시즈오카(靜岡)
카이(甲斐)	야마나시(山梨)
사가미(相摸)	카나가와(神奈川)
무사시(武藏)	도쿄(東京), 사이타마(埼玉), 카나가와(神奈川)
아와(安房)	찌바(千葉)

2) 일본 에도 정부를 무너뜨리고 수립된 메이지 정부(明治政府)의 성격 및 19세기 중반 상황

교토 조정에서의 정변(1867.12.9)을 통해 새로 수립된 메이지왕 옹립 정부[68]는 신도(神道)를 국교로 하는 제정일치(祭政一致)의 왕정복고 국가를 지향하였다.

이에 따라 오랜 옛날에 제정일치 사회에서 설치되었던 나라의 제사와 진쟈(神社)[69] 행정을 담당한 관청인 진기칸(神祇官)[70]을 다시 설치[71]하는 포고를 정부 성립 초기인 1868년 3월 13일(양력 4월 5일)에 발포하였다. 이 포고에 따라 진기칸을 설치하고, 여기에 일본 전국에 있는 진쟈의 신관을 소속하게 하여 진쟈의 국가적 지위를 공인하였다.

곧이어 이달 17일에 신부쯔분리(神佛分離) 정책[72]을 실시하여 진쟈와 불교를 완전히 구분하도록 한 후, 불교를 말살하기 위한 하이부쯔키샤쿠(廢佛毁釋)[73] 정책을 전개하였다.[74]

이런 가운데 사도(佐渡)에서는 1868년 11월 오쿠다이라켄스케(奧平謙輔)[75]가 제 종파의 본사 주지를 호출하여, 섬 내 사찰 500여 곳을 80곳으로 합병할 것을 명하고, 승려에게 귀농할 것을 권하였다. 다음 해인 1869년 2월까지 신슈우(眞宗)를 제외한 각 종파의 승려가 귀농 신청서를 제출하였으므로, 이해 3월에 폐(廢)한 사찰의 범종(梵鐘)과 불구(佛具)를 모아 대포와 화폐를 만드는데 사용하였다.[76]

사쯔마한(薩摩藩)[77]에서는 1869년 11월 폐불령(廢佛令)을 내려 영지 내 사찰 1,066곳과 승려 2,964명을 대상으로 모두 폐사(廢寺)시키는 동시에 환속을 명하였고, 지역 주민에게 모두 불교를 버리고 신도로 바꾸도록 지시하였다. 또한 불상, 경전, 불구 등을 사쯔마한 관리의 감시 아래 부수었다. 그 결과 사쯔마한에서 불교는 외형적으로 완전히 사라졌다.[78]

이러한 불교 말살 정책(廢佛毁釋)이 전국에 걸쳐 실시[79]되는 가운데,[80] 신도 국교화 정책[81]에 따라 1868년 기독교 금지 정책도 시행[82]되어, 개항의 물결 속에 신앙 활동을 하던 기독교인을 대대적으로 투옥·고문[83]하였다.

그런데 이로 인해 메이지 정부는 큰 난관에 봉착하였다. 옛 에도 정부가 맺은 기존 조약의 개정과 메이지 정부의 외교적 승인 등을 목적으로 하여 1871년 말 구미에 파견된 이와쿠라토모미(岩倉具視) 대사 일행은 가는 나라마다 기독교 박해에 대한 민관의 항의와 들끓는 여론에 직면하였고, 조약 개정 교섭을 조금도 진척하지 못하였다. 이들 일행은 이에 충격을 받아 기독교인을 석방하고, 신앙을 자유롭게 해야 한다는 뜻을 정부에 서둘러 상주하였다.

이러한 상황을 맞아 메이지 정부는 신앙의 자유에 대한 서구 열강의 요구에 저촉되지 않으면서 기독교 유입 금지와 신도 국교화를 모두 취할 수 있는 방안을 찾았다.

이에 따라 전자에 대해서는 에도 시대 이래로 기독교 유입을 막는 역할을 맡아 왔던 불교에 대한 말살 정책을 멈추고 일부나마 살아남은 불교계를 용인하여, 이로 하여금 재차 기독교 유입을 저지하는데 활용하는 정책으로 전환하였다.

그리고 후자에 대해서는 오스트리아에서 초빙한 법률학자 스타인의 조언을 받아들였다. 스타인은 일본 왕을 윤리적, 정신적, 정치적 중심으로 하는 국가 체제 유지를 위해 신도를 종교로 삼으면서, 이를 종교의 바깥에 두도록 조언하였다. 이를 받아들여 메이지 정부의 관료는 "진쟈는 종교가 아니다"라고 하는 구실을 만들어, 진쟈를 국가적으로 보호하면서 실질적인 신도 국교화를 수행하였다.[84] 또한 불교계에 다양한 종파[85]가 있음을 이용하여 이를 잘 알지 못하는 서구 열강에 대하여 다양한 종교가 허용되는 종교의 자유가 있음을 주장하였다.

이러한 정책 속에 1873년 기독교를 금하는 방문(榜文)이 철거되었고, 이들 기독교인들은 석방되었으나,[86] 실질적인 신도 국교화 정책 속에 기독교는 확산되지 못하고 현상유지에 그치게 되었다.[87]

한편 단기간에 완전히 초토화된 일본 불교계는 기독교 유입 방지에 그 필요성이 재차 인정되면서 불교를 관장하는 기관이 조직되어, 정부 조직 속에 편입될 수 있었다.[88] 그러나 에도 시대에 확립되었던 특권 일체를 박탈당하였고, 에도 시대 당시 누렸던 경제력을 상실하였으며,[89] 신도의 하위 기관으로서 메이지 정부 정책에 앞장서 기독교 유입을 막고 또한조선 침탈[90]을 담당하는 역할을 맡았다.

새롭게 성립한 메이지 정부가 신도(神道)를 국교로 하는 제정일치(祭政一致)의 왕정복고 국가를 지향하였던 근본에는 코쿠가쿠샤(國學者)들이 있었다. 이들은 에도(江戶) 시대 말기의 반정부 세력과 이들 세력에 의해 수립된 메이지(明治) 정부에서 사상적 지주 역할을 하였는데, 일본 토속 신앙인 신도(神道)를 바탕으로 하여 제정일치(祭政一致)의 왕정복고(王政復古) 사회를 이루고자 하였다.

그 대표적인 인물로는 35년간 코지키(古事記[91]) 연구에 몰두하여 『코지키덴(古事記傳)』48권을 출간한 모토오리노리나가(本居宣長, 1730~1801), 유교와 불교를 배척하고 일본을 만국의 으뜸으로 주장했던 히라타아쯔타네(平田篤胤, 1776~1843), 그리고 왕정복고주의자였던 요시다쇼오인(吉田松蔭[92], 1827~1856) 등이 있다.[93]

이들 중 요시다쇼오인(吉田松蔭)은 메이지 정부의 주축이 되는 반정부 세력 지도자를 양성하였던 대표적 코쿠가쿠샤(國學者)로서 강대국인 미국과 러시아와 관계를 두텁게 하는 가운데 국력을 배양하면서 손실을 보는 부분을 조선과 만주를 쳐서 보상받도록 해야 할 것이라고 주장하며 정한론(征韓論)의 근거를 마련했다.[94]

이는 메이지 정부의 중심인물이 된 키도타카요시(木戶孝允) 등 그의 제자들에 이어져 정한론은 국가의 기본 방침이 되었다.[95] 이에 메이지 정부는 정한론 방침에 따라 조선에 대한 침략 정책을 준비하고 있었는데, 주요 계파 간에 먼저 자신들의 정권 강화 수단으로 이를 이용하려 함에 따라 투쟁이 일어났다.

우선 1869년부터 1871년에 키도타카요시(木戶孝允), 오오쿠보토시미찌(大久保利通, 1830~1878), 오오쿠마시게노부(大隈重信, 1838~1922) 등이 조선 침공을 계획하였다.

이때 무사 중심의 정권 수립을 목표로 하였던 사이고오타카모리(西鄕隆盛,

러일 전쟁을 모의했던 무린안 요오칸(無鄰庵 洋館) 외관 모습
(2003.2.24)

러일 전쟁을 모의했던 무린안 요오칸(無鄰庵 洋館) 회의실 내부 모습
(2003.2.24)

이곳에서 1903년 4월 21일 야마가타아리토모(山県有朋), 이토오히로부미(伊藤博文), 카쯔라타로오(桂太郎), 코무라쥬타로오(小村寿太郎) 등 4인이 모여 조선에 대한 일본의 권리를 인정하지 않으면 러시아와 전쟁을 할 수 밖에 없다는 일본 방침 등에 관한 회의를 하였다.

1828~1877)는 외정(外征)보다는 내치(內治) 정비가 급선무라는 이유를 들어 이에 반대하였다. 무사의 입지가 약화되는 상황 속에서 조선 침공을 통해 이들에게 일자리를 마련해 주고, 이를 통해 역으로 일본 내 개혁 단행을 하기 위한 활로로 자신이 이용하기 위함이었다.

이후 사이고오타카모리는 1873년 5월 조선 부산의 지방관이 일본인의 밀무역 단속 포고를 낸 것을 기회로 삼아 일본을 깔보는 자구(字句)가 있다는 이유를 들어, 이해 8월 3일 산죠오사네토미(三條實美. 太政大臣, 1837~1891)에게 편지를 보내 침공의 때가 이르렀음을 밝혔다. 그리고 우선 조선에 죄를 묻는 사절을 보내면 조선 정부에서 필시 그 사절을 죽이려할 것이 틀림없을 것이므로, 그 때를 기다려 조선에 원정군을 보내면 되는데, 이 사절에 자신이 임명되기를 원하며, 이렇게 하면 반드시 전쟁으로 끌어들인다고 산죠오사네토미와 이타가키타이스케(板垣退助, 1837~1919)에게 역설하였다. 이 의견은 각의(閣議)에서 채택되어, 유한(遺韓) 사절에 그가 가는 것으로 결정되었고, 메이지왕의 재가도 받았다.

하지만 사이고오타카모리의 계획을 간파한 키도타카요시, 오오쿠보토시미찌, 이와쿠라토모미(岩倉具視) 등은 내치(內治) 개량이 급무라는 이유를 들어 그의 정한론에 맹렬히 반대하여 마침내 사절을 파견하는 건을 뒤집었고, 사이고오타카모리 지지 세력을 실각시킨 후,[96] 자신들이 실권을 잡고서 정한론 방침에 따라 1875년 9월 20일 운양호 사건(雲揚號事件)을 시작으로 조선 침략에 나섰다.

이후 동학농민운동(1894)으로 어려움에 처한 조선 정부의 요청으로 청국이 군대를 파병한 것을 기회로 삼아 제물포조약과 텐진조약[97]에 근거하여 일본 군대를 파병하여 조선 침략을 본격화하였고, 그 목적 달성을 위해 청일 전쟁(1894~1895)에 이어 러일 전쟁(1904~1905)을 일으켰다.

2. 우리나라의 시대적 상황

1) 고종 즉위(卽位) 무렵의 상황

조선에서는 1863년 12월 8일 철종이 후사 없이 승하하자, 당일 그 뒤를 이어 고종이 왕위를 물려받았다.[98] 이는 왕위 계승자 지명권을 가진 조 대비[99]가 당시 세도를 부려오던 김씨 일파 세력을 누르기 위하여 아무런 세력 배경도 없던 흥선군의 둘째 아들 명복(命福)을 맞아들여 왕위를 계승하도록 하였기 때문이다.

그런데 이때의 고종 나이 12세였으므로 조 대비는 수렴청정을 하면서,[100] 왕의 부친인 흥선 대원군(李昰應, 1820~1898)으로 하여금 어린 국왕을 보좌케 하였다.

이 무렵은 수원 화성 건립 등 자생적 근대화와 부국강병을 꽃피웠던 정조(재위 1776~1800)의 치세와 다르게 순조(재위 1800~1834)부터 철종(재위 1849~1863)까지 안동 김씨, 풍양 조씨, 그리고 재차 안동 김씨가 정권을 장악하고 세도 정치(勢道政治)[101]를 해온 결과로 인해 국정이 혼란스럽던 시기였다.

하지만 또 한편으로 경제적으로는 실학자의 농학 연구와 농민들의 노력이 결합되어 발전한 이앙법(移秧法)과 이모작(二毛作) 기술로 인해 단위 농가의 경작 면적이 넓어지는 광작(廣作) 농업이 발달한 시기였다. 그 결과 일부나마 자작농은 부농층으로, 소작농은 자소작농으로 상승하게 되었고,[102] 부농층의 지원으로 사찰 전각 건립 등 경제 활동이 활발하게 이루어졌다.

특히 실학사상의 발전 속에 화폐·상품 경제가 발달하고 소작료 금납화가 확산되는 가운데 사찰에서는 승려의 사유재산제[103]가 발달하고 임금제가 도입되어 불전을 짓는 경우에도 민간 장인이 참여하는 등 근대적인 자본주의적 체계 진척이 이루어졌다. 또한 실학사상으로부터 비롯한 기술적 혁신이 이루어지면서 벽체와 그 위에 구성되는 다포 양식의 포벽(혹은 익공 양식의 화반벽) 등에서 흙벽 방식 대신 긴 판재를 사용한 방식이 널리 쓰이는 등 건축물을 신속히 지을 수 있는

판재로 벽체를 구성한 백련사 약사전 모습(1891년경 건립)
(2010.10.24)

판재로 화반벽을 구성하고 양각하여 단청으로 화반모습을 나타낸 안국동별궁 경연당 모습(1880년 건립)
(2006.2.3)

건식 기법이 널리 쓰였다.[104]

이런 가운데 이 시기에는 조선의 전통적인 신분 질서가 크게 변화[105]되었다. 양반과 상민이 동일한 직업에 종사하고, 상민과 노비도 노비를 거느리고 있어 직역(職役)과 신분(身分) 개념이 분명하지 못하였으며, 오래전에 몰락한 양반의 후예는 실질적으로 평민이나 다름없는 신분 계층으로 전락되어 갔다.[106] 이처럼 반상(班常) 관계가 제도상으로 그 기능을 잃으면서,[107] 양반과 상민의 구별이 흐려진 가운데 도시의 상인들[108]이나 농촌의 광작 농민 가운데 큰 재산을 모은 계층이 나타났다.[109]

이러한 시기에 세도 정치 아래 왕족으로서 몰락한 집안의 비참한 생활을 몸소 체험하였고 김씨 일파의 전횡과 양반 세가의 권세에 눌려 살아왔던 흥선 대원군[110]은 조 대비의 뜻에 따라 고종을 보좌하여 정권을 장악하자 먼저 왕실 외척으로서 세도를 누려온 안동 김씨 일족을 정권에서 몰아냈다.

그리고 왕권을 약화시키는 요인들을 과감히 제거하였는데, 지방에서 양반들의 세력 기반으로 남설(濫設)되었던 서원을 다시는 임의로 설립하지 못하게 하였으며, 도학(道學)과 절의(節義)에 뛰어난 인물을 봉사(奉祠)하는 47개소의 서원만을 남기고 그 나머지를 모두 철폐하도록 하였다. 이를 통해 지방에서 서원을 근거

흥선대원군 모습
(국립고궁박물관 소장)

로 하여 할거하던 양반 세력을 누르고 국가 세원(稅源) 확대와 양민(良民) 확보를 시도하였다.[111]

또한 왕권을 확립하고 그 존엄성을 드높이기 위하여 흥선 대원군은 조 대비의 명을 받아 전권을 잡고[112] 임진왜란 때 불타버린 조선의 상징적인 법궁 경복궁 중건에 착수하였다.

이와 함께 대외적으로는 왕실과 국가를 수호하는 방법으로서 외부의 영향을 차단하기 위해 철저한 쇄국 정책을 채택하여 실시하였다.

2) 고종 친정(親政) 무렵의 상황

고종 3년(1866) 2월에 조 대비의 뜻에 따라 수렴청정이 끝나면서, 고종이 직접 정사를 보는 것을 인정받게 되었다.[113] 이에 따라 고종은 왕권 행사가 가능해졌다. 하지만 친정(親政)의 명분이 확실히 서게 되는 1873년 10월까지는 과감한 개혁정치로 유림의 지지를 받고 있는 흥선 대원군에게 국정을 이전과 같이 맡겼다. 이것은 유교 국가 조선에서 부모에 대한 효와 더불어 이에 관련된 대의명분이 매우 중시되었기 때문이다.[114]

최익현 초상
(채용신 그림, 국립중앙박물관 소장)

이에 따라 흥선 대원군은 실권을 쥐고서 세도 정치의 폐해를 바로 잡는데 노력했으며, 왕권을 갖게 된 고종은 경복궁 건립을 담당한 영건 도감을 계속 유지하도록 명하고[115] 경복궁 뒤쪽에 융문당과 융무당(1868), 건청궁(1873) 등 건축물을 건립하여 친정에 나설 준비를 진행했다.

고종은 21살에 이르러 최익현의 흥선 대원군 탄핵 상소(1873.10.25)를 계기로[116] 삼아, 흥선 대원군을 국정에 관여할 수 없게 하고 친정을 시작하면서 국교 개방에 능동적으로 대처하였

고종 모습
(1884년경 창덕궁 후원 농수정 앞 촬영,
국사편찬위원회 소장)

다. 고종의 개방 의지는 당시 실학자이자 개화론자로서 적임자인 박규수를 재상으로 임명한 것에서 잘 알 수 있다. 고종은 친정을 시작하면서 삼고초려를 불사하며 자신이 믿을 수 있는 이들을 임명하는데, 박규수[117]의 경우 세 차례에 걸쳐 상소를 올려 사직했으나 윤허하지 않고 설득하여 결국 재상을 맡게 하였다.[118]

외국에 대한 개방 정책을 통해 서구 문물을 수용하는데 적극적이었던 고종은 일본이 조선에 무력 강압을 취할 수 있는 상황을 만들기 위해 일으킨 운양호 사건(1875)에 대해 일본의 의도에 말려들지 않고 능동적으로 적극 대처하여 고종 13년(1876) 2월에 개항 요구를 받아들이며 강화도 조약[119]을 체결하였고, 이후 서양 제국에 문호를 개방하였다. 1882년에는 조미 수호 통상 조약(朝美修好通商條約)[120] 및 조영 수호 통상 조약(朝英修好通商條約)[121] 을 체결하였다.

이해 가을에는 국내에서 발생한 임오군란을 빌미로 청국 군대와 일본 군대가 조선 내에 주둔하는 상황이 발생하면서 일본의 경제적 침투 강화와 청국의 정치·군사·외교적 압력이 거세진 가운데 1884년에 이탈리아 및 러시아와 조약을 체결[122]하였고, 1886년에 프랑스와 조약을 체결[123]하여 구미 각국에 문호를 개방하였다.

이러한 적극적 문호 개방으로 정치·경제·문화 등 각 분야에서 각국의 진출이 본격화하였으며, 이에 수반하여 각 나라의 공관, 가톨릭 및 개신교 계통의 종교 건축물, 은행 및 상품진열관 같은 상업 건축물 등이 이 땅에 들어섰다.[124]

1890년 건립된 주한러시아공사관 모습
(국립중앙도서관 소장)

1890년 건립된 주한영국공사관 모습
(Angus Hamilton, Korea, 1904)

1897년 건립된 주한프랑스공사관 모습
(국립중앙도서관 소장)

1898년 건립된 명동성당 전경
(2009.9.22)

1898년 건립된 독립문 전경
(2009.11.24)

1906년 건립된 익산 나바위성당 전경
(2016.2.23)

1908년 건립된 대한의원 전경
(2011.3.24)

3) 왕권 확립을 위해 중건한 조선의 상징적 법궁 경복궁의 특징과 그 허점에 따른 경운궁의 주목

왕권을 확립하고 그 존엄성을 드높이기 위하여 추진한 경복궁 중건의 대역사는 고종 2년(1865) 4월 3일 조 대비가 경복궁을 중건할 것을 명하고, 이를 흥선대원군에게 맡길 것을 밝힌 뒤, 그 중건 날짜를 4월 13일로 택일하면서[125] 비로소 시작되었다.[126] 공사 착수 후 약 3년 3개월 경과한 고종 5년(1868) 7월 2일에 주요 영역에 대한 공사를 일차적으로 끝냈고, 이에 따라 완전히 공사가 끝나지 않았지만 고종은 경복궁으로 이어하였다.

이후 고종은 경복궁 건립을 담당하였던 영건 도감을 계속 유지하도록 명하여[127] 같은 해 9월부터 신무문 뒤쪽으로 융문당, 융무당 등을 건립[128]하였고, 계속하여 고종 30년(1893)에는 경농재, 대유재 등을 건립하여[129] 경복궁 후원을 조성하였다.

그 결과 조성된 경복궁은 한 눈에 전체 모습을 파악할 수 있도록 세트로 작성한 북궐도형 및 북궐후원도형을 통해 상세히 살펴볼 수 있다.[130] 이 도형은 한지에 붉은 먹으로 기준 척도가 되는 모눈을 그려 넣고, 그 위에 검은 먹으로 궁성과 내장,[131] 건축물, 연못 등 시설물을 척도를 고려하여 그려 넣었으며, 여기에 건축물 및 시설물의 규모, 용도, 명칭, 양식, 주요 부재 치수, 주요 성문간 거리는 물론이고 이건된 건물에 대한 내용까지 표기하고 있다.[132]

이를 바탕으로 경복궁 규모를 살펴보면 광화문이 있는 궁성 전면 폭은 약 460m, 궁장 내 동서방향 최대 폭[133]은 약 607.4m, 궁장 내 남북방향 최대 길이는 약 1,395m[134]이다. 한편 광화문 전면에 있는 해태에서 광화문까지의 길이는 약 90m 전후[135]로서, 궁장 내 남북방향 최대 길이를 합하면 남북축의 최대 거리는 약 1,485m전후에 이르고 있다.

또한 신무문 남쪽의 궁성 면적 약 447,743㎡, 신무문 북쪽의 궁성으로 둘러싸인 경복궁 후원 면적 약 203,905㎡, 그리고 광화문 앞 월대와 해태 및 하마석

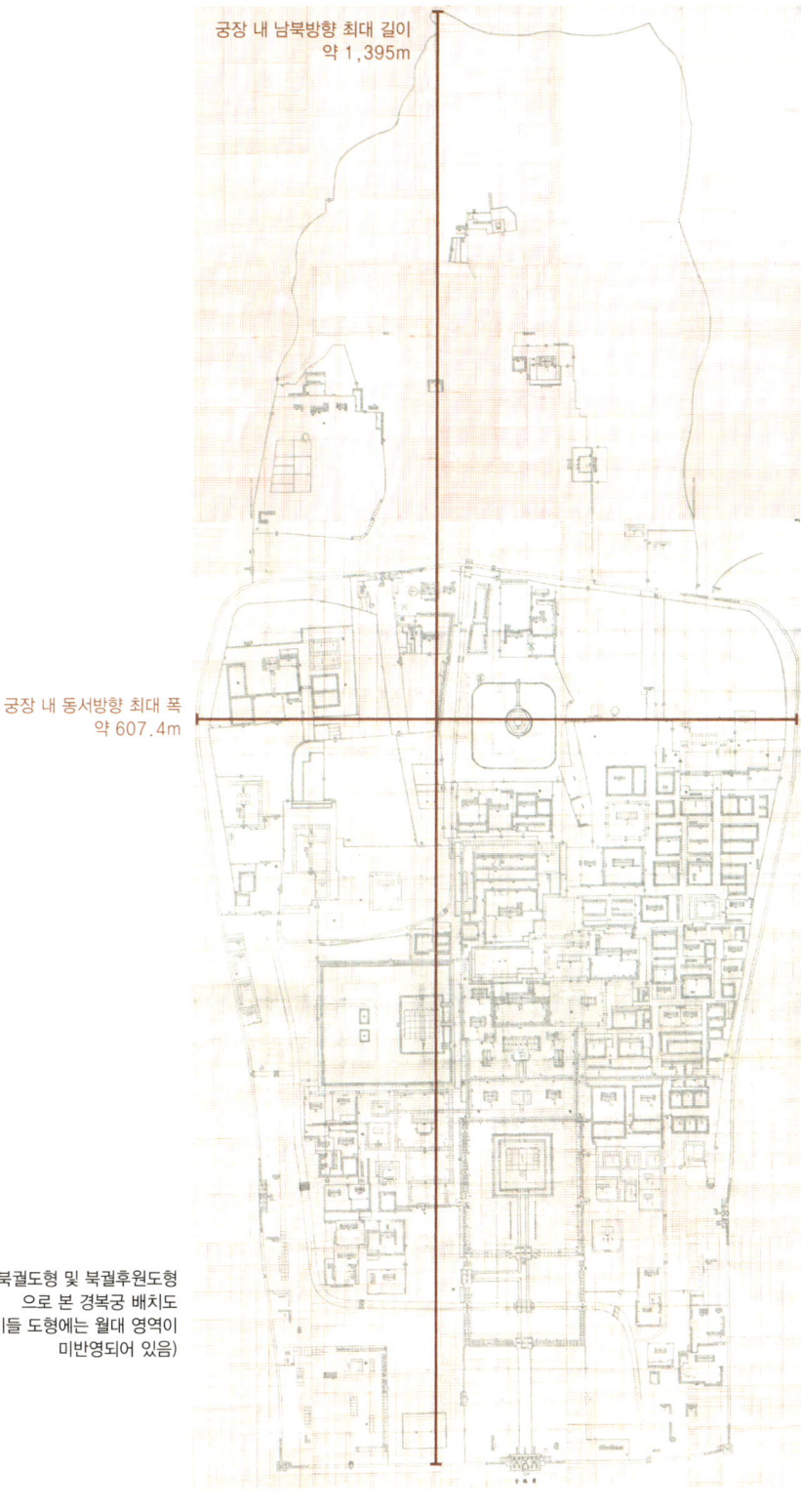

궁장 내 남북방향 최대 길이
약 1,395m

궁장 내 동서방향 최대 폭
약 607.4m

북궐도형 및 북궐후원도형
으로 본 경복궁 배치도
(이들 도형에는 월대 영역이
미반영되어 있음)

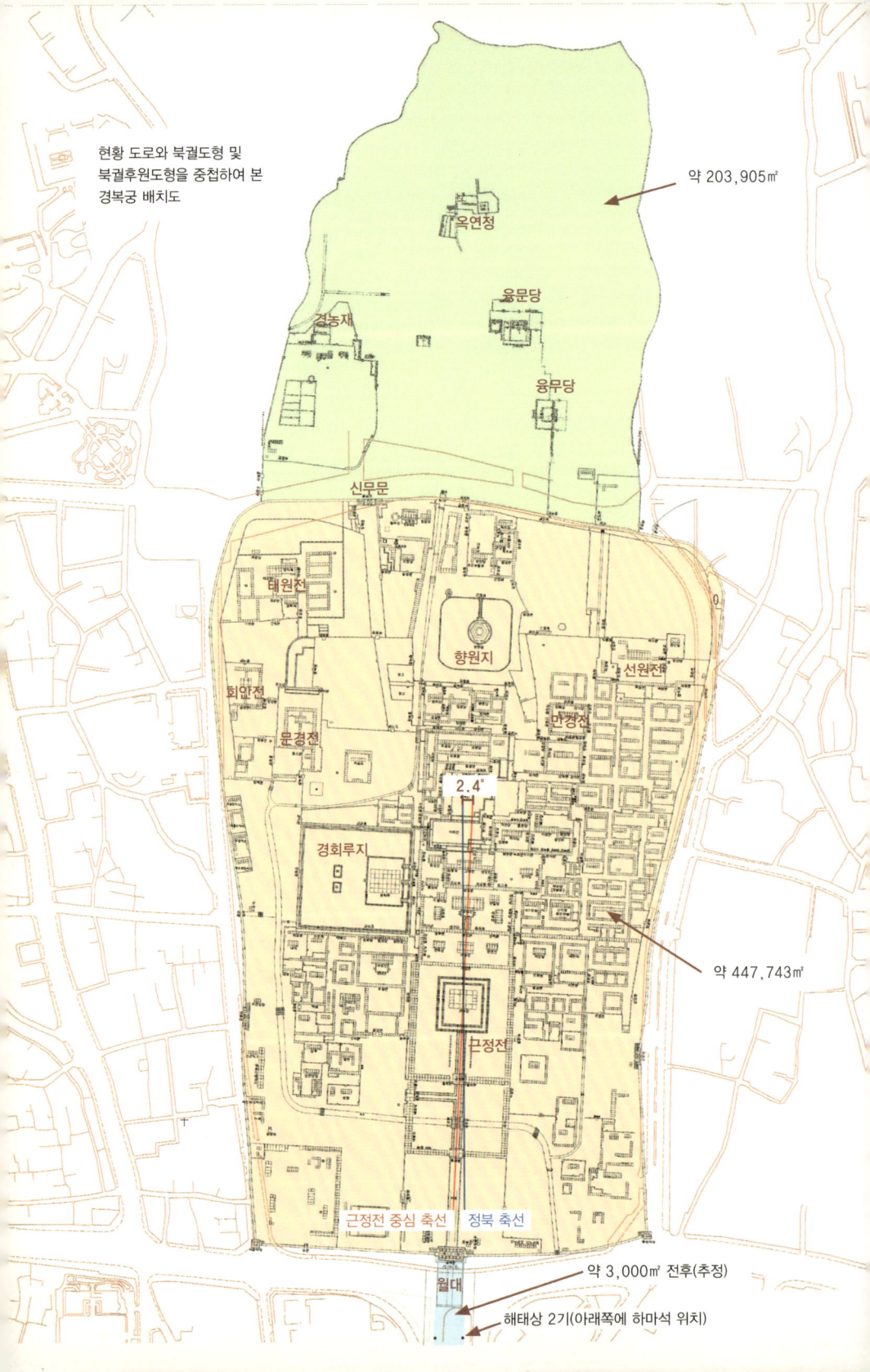

이 있는 부분의 면적[136]을 합하면 약 655,000㎡으로 거의 20만평에 이르고 있다. 궁성 내 전체 건축물 수는 5백여 동에 이르며, 이 가운데 후원 내 건물은 32동이다. 이 후원 궁성의 동측 바깥쪽으로 별도의 궁장이 일부 설치되었고, 여기에 춘생문(春生門) 1동이 있다.[137]

한편 현존 건축물 및 발굴 결과를 근거로 복원한 건축물 등을 통해 살펴본 경복궁 좌향은 근정전 어좌에 앉아 광화문 중앙을 바라보는 선을 기준으로 하면, 정북 기준으로 시계방향 2.4°로 구성되어 있다.[138]

경복궁은 그 규모도 대단하지만, 삼문삼조(三門三朝)의 궁제(宮制)를 바탕으로 하면서[139] 역대 왕의 초상화인 어진을 봉안한 선원전 외에도 빈전(태원전)과 혼전(문경전)을 두어, 효(孝)에 바탕한 장례의식을 중시하는 조선의 유교 규범을 완성한 법궁이었다. 이에 따라 왕이나 왕비가 세상을 떠날 경우, 빈전에 그 시신이 든 관(재궁 梓宮·梓宮)을 두었다가 산릉에 묻고 나면 그 혼이 담긴 신주를 혼전에 두고 정해진 장례기간을 채운 후,[140] 이 신주를 종묘로 이봉할 수 있도록 체계를 갖추었다.

경복궁 전경(1896년 모습) (출처 : 경성부사)
근정전, 근정문, 흥례문, 광화문, 동서십자각 등이 보이고 있음

경복궁 전경(1876-88년 모습)(국립중앙도서관 소장)

경복궁 정면 전경(1906-7년 모습, 독일인 헤르만 산더의 여행, 국립민속박물관 소장)

삼청동천에서 본 경복궁 동십자각 모습(1906-7년 모습, 독일인 헤르만 산더의 여행, 국립민속박물관 소장)

이처럼 조선의 유교 규범을 온전히 갖춘 웅장한 위용의 경복궁이었지만, 외부로부터의 침략에는 취약하였다. 조선은 전략적으로 산성을 중심으로 외부의 침략에 대응하여 왔으며, 궁궐은 그 침략에 맞서 싸우는 시설이 아니었으므로 외부로부터의 침입을 철저히 막는데 한계가 있었고, 이에 따라 왕실의 안전을 지키기에 충분하지 않았다.[141] 실제로 임오군란(1882.6.9) 당시 군병들이 경복궁에 침입하였고, 동학농민운동 때 일본 군인들이 경복궁에 난입(1894.6.21)[142]하였으며, 또한 일본 공권력 집단이 경복궁에서 명성왕후를 시해(1895.8.20)한 사건들이 발생하였고, 이로부터 알 수 있듯이 경복궁은 외부로부터의 침입에 취약했다.

고종은 일찌감치 임오군란(1882)과 갑신정변(1884) 등을 통해 경복궁 등 전통방식의 궁궐에서 방비의 취약성을 경험하였고, 일본의 침략 의도를 파악하였기에 외부 세력으로부터의 침입을 막아낼 수 있는 궁궐이 필요하였다. 이에 따라 그 역할을 할 수 있는 궁궐로 경운궁을 주목하였고, 1893년 대신들과 백성들에게 임진왜란의 국난을 수습하고 나라를 반석같이 다져놓았던 장소가 경운궁임을 거듭 밝혀, 이 궁궐의 상징적 의미와 중요성을 함께 공유하면서, 다가올 경운궁의 시대를 준비하였다.[143]

4) 대내외적 시련 속 고종의 경운궁 시대 준비

고종은 1873년 친정에 나서면서 믿을 수 있는 인재들을 요직에 임명하고 개방 정책을 실시하면서 미국 등 외국과의 조약 체결에 적극 나섰다.[144]

그런데 1882년 6월에 임오군란이 일어났고, 이를 기회로 청국은 4000명의 군대를 파병하여 서울에 상주시키고 조선을 자국 영향권에 두기 위한 속방화(屬邦化) 정책을 자행하였다.[145] 또 임오군란 당시 공격받은 일본공사관의 하나부사 요시모토(花房義質, 1842~1917) 공사가 서울을 탈출하여 일본에서 군대를 데리고 들어왔다.[146]

군사력을 배경으로 조선을 속방화하려는 청국으로 인해 자주적 개방 정책 추진에 어려움을 겪게 된 고종은, 러시아의 힘을 빌려 청국의 제약에서 벗어나기 위해 국교 수립을 추진하여 1884년 7월에 러시아와 조약을 체결[147]하였다. 그리고 신식 의료 시설 도입, 영어 전문 교육기관 수립, 전기와 전신 시설 추진, 국제우편연맹 가입 등 외국의 문물 및 제도를 적극 도입하며 주권국가로서의 입지를 갖추어갔다.[148] 나아가 1888년 미국에 대한제국공사관(대조선주차미국화성돈공사관)을 개설하여 자주 외교를 추진하였고, 1893년에 참의내무부사(參議內務府事) 정경원을 미국박람회 출품사무대원(出品事務大員)으로 임명하는 등 주권국가인 조선을 서구열강에 널리 알리기 위해 적극 노력하였다.

이러한 때에 고부군수 조병갑의 가렴주구가 발단이 되어 1894년 동학농민운동이 일어나면서,[149] 그 진압에 한계를 느낀 조선 정부의 요청으로 청국 군대가 파병되어 같은 해 5월에 아산에 상륙하였고,[150] 이와 거의 동시에 일본 군대가 제물포조약과 텐진조약[151]에 근거하여 일본 공관 보호를 구실로 들어왔다.

이들 두 나라 군대는 조선 정부군과 동학농민군 사이에 5월 7일(양력 6월 10일) 성립된 전주화약[152]으로 인해 간섭과 주둔할 구실이 없어졌고, 이에 따라 청국 군대와 일본 군대는 공동 철수하기로 합의를 하였다.[153] 하지만 조선 침탈의 기회로 판단한 일본 정부의 지시에 따라 일본군은 6월 21일 경복궁에 난입하여[154] 흥선대원군과 김홍집을 앞세운 친일정권을 세우고 전신국을 장악한 후, 이틀 뒤인 6월 23일 청일 전쟁을 일으켰다.

다음 해인 1895년에 청국의 패배로 전쟁이 끝난 후 고종은 친러, 친미 노선을 취하며 일본을 견제하고자 하였다. 이에 대하여 일본은 같은 해 8월 20일 경복궁에 난입하여 명성왕후를 시해하는 만행을 저질렀다.[155]

이에 고종은 왕태자(훗날의 순종)와 함께 1896년 2월 11일 경복궁을 빠져 나와 러시아공사관으로 옮겨[156] 왕권을 회복하였고, 다음 해인 1897년 2월 20일까지 이곳에 임시 거처하면서 일본에 맞서 경운궁을 중심으로 하는 새로운 제국 수립 준비를 진행했다.[157]

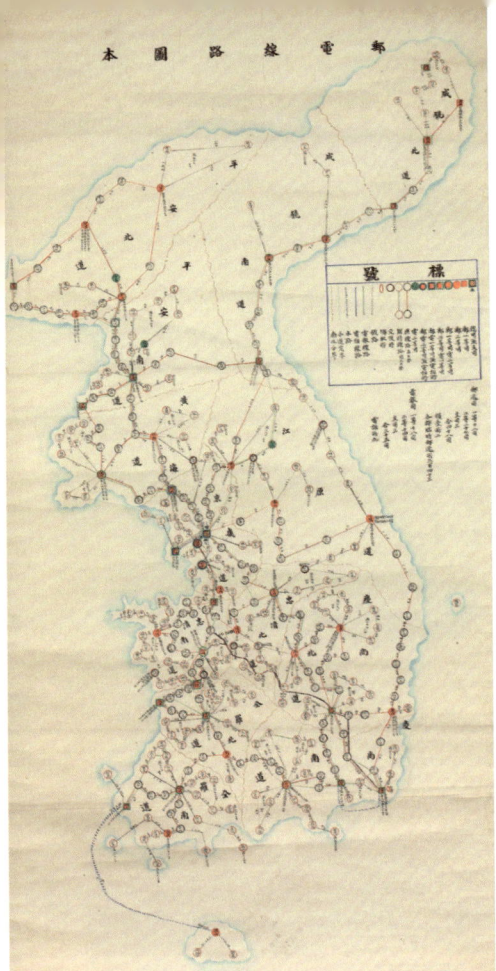

프랑스의 주간 화보지 『Le Petit Journal』(1900.12.16)에 실린 파리 만국박람회장(1900년 4월 개최)에 세워진 한국관 모습(국립고궁박물관 소장)

전기와 전신 시설 추진 결과 갖추어진 1905년경 대한제국 우전선로도본(郵電線路圖本) (우편업무를 관장하던 우체사(郵遞司)와 전보사(電報司)의 위치, 전신선로, 교환소 등을 표기, 국립고궁박물관 소장)

1887년 3월경 미국 에디슨 전기회사의 시설 설치 후 경복궁 건청궁 옥호루 앞 전등 모습 (국립고궁박물관 소장)

대한제국공사관 모습(美 헌팅턴라이브러리 소장, 국외소재문화재재단 제공)
(워싱턴 DC에 개설된 공사관은 처음(1888.1.17)에는 1513 O Street의 Fisher House에 있었으나, 1889년 2월 13일 사진에서 보이는 로건 서클 15번지 건축물로 옮겼다. 당시 임대하여 쓰던 것을 고종이 황실 자금 2만 5천불을 들여 1891년 12월 1일 매입하였다.)

대한제국공사관 내부 모습(좌, 우)
(美 헌팅턴라이브러리 소장, 국외소재문화재재단 제공)

한편 경복궁을 빠져 나오는 날 왕태후(王太后)[158]와 왕태자비(王太子妃)[159]는 경운궁(慶運宮)으로 옮겨감으로써[160] 경운궁 시대의 사전 준비에 들어갔다.

당시 고종이 의지했던 러시아 정부는 일본에 대하여 타협의 여지없이 조선 북부의 중립지대 설정 및 조선 영토의 전략적 사용 불가 입장을 분명히 하면서 고종의 편에 섰고,[161] 그 결과 고종은 제국 수립 준비에 박차를 가할 수 있었다.

이 아관 파천[162] 시기에 왕권을 회복한 고종은 국왕이 백성들이 의지할 수 있는 표준이며 백성을 아끼고 사랑하는 부모된 존재임을 윤음 하달(1896.2.13)과 선유사 파견[163](1896.2.27) 등을 통해 백성들과 관리들에게 밝히면서 백성의 각종 조세를 탕감[164](1896.2.13)하였고, 늙거나 어리거나 병든 죄인의 특별 방면 조령[165](1897.1.3)을 내려 백성들의 마음속 깊은 곳에서 다독이고자 노력했다. 그리고 시해 당한 명성왕후의 장례 절차를 단계별로 지속 추진하면서, 일본의 만행을 각인시켜 신하들과 백성의 마음을 하나로 묶어 나갔다.[166]

또 한편으로 상설조폐기관인 전환국[167] 관제 반포[168](1896.2.3), 춘천부 등 7곳에 우체사 설치 안건 공포[169](1896.5.28), 국내 철도 규칙 반포[170] (1896.7.15), 전기통신 관장 관청인 전보사 관제 반포[171](1896.7.23)와 국내 전보 규칙 안건 반포[172](1896.7.25) 및 전보사 설치 안건 공포[173](1896.7.30)

러시아공사관 전경(국립고궁박물관 소장)

아관 파천 당시 고종이 머물렀던 러시아공사관 내 침실 모습
(국립고궁박물관 소장)

등을 행하여 근대화 사업을 추진하였다.

그리고 친위 제4대와 제5대 증설 안 반포[174](1896.3.4), 친위 제1연대 편성 안건 반포[175](1896.4.22), 친위 기병대 설치 안건 반포[176] (1896.6.8), 지방 제도와 관제 개정에 관한 안건 반포[177] 및 지방 관리 직제 반포[178](1896.8.4), 의정부 관제 반포[179](1896.9.24) 등을 하여 국왕의 호위와 치안 강화 및 국가 조직 개혁에 나섰다.

또한 민영환을 특명 전권공사에 임명하여 영국·독일·러시아 등 각 국에 외교 사절로 머물러 있도록 명하고(1897.1.11), 환구 및 사직 등에 지내는 향사(享祀 : 제사)를 모두 옛 역서의 예대로 거행하도록 하는 조령(1896.7.24)

아관 파천 시기 고종의 제국 수립을 위한 노력들

1. 백성들의 마음속 깊은 곳에서 다독이고자 노력
2. 일본의 만행 각인 및 조선인의 마음을 묶기 위해 명성왕후의 장례 절차를 지속 추진
3. 근대화 사업을 추진
4. 국왕의 호위와 치안 강화 및 국가 조직 개혁
5. 서구 열강에 대한 외교력 강화·천자의 나라로서 독립된 나라임을 알리기 위한 준비

대한제국 시기 기차
(국립고궁박물관 소장)

1899년 5월 4일 흥인지문 앞에서 흥인지문과 홍화문 사이를 잇는 우리나라 최초의 전차 개통식 모습(서울역사박물관 소장)

및 지방에 있는 국왕의 상징인 전패를 궐패로 고쳐 부르도록 하는 안건 반포(1896.8.15) 등을 행하여 서구 열강에 대한 외교력 강화와 더불어 천자의 나라로서 독립된 나라임을 알리기 위한 준비를 하여 나갔다.

이처럼 새로운 시대를 열기 위한 대한제국 수립 준비를 해 가면서 그 중심지가 될 궁궐을 경운궁으로 삼기 위한 계획을 추진해 갔다. 이미 1893년에 경운궁이 임진왜란 때 일본의 침략을 극복했던 곳임을 백성들에게 널리 알렸던 고종은 새로운 부흥의 시대를 여는 중심 장소로서 경운궁으로 마음을 굳힌 결과 러시아공사관으로 옮겨갈 때 왕태후와 왕태자비를 이 궁궐로 보내어 경운궁을 보수할 명분을 일찌감치 확보하였다. 그리고 경운궁 보수와 더불어 경복궁에 있던 진전과 빈전 등을 경운궁으로 옮겨 법궁 역할을 할 수 있도록 만들었고, 또 주변의 도시계획에 착수[180]하여 대한제국 황궁의 역할을 할 수 있는 기반을 갖추어 갔다.

최신경성전도(1907)의 경운궁 전면 방사상 도로 계획(서울역사박물관 소장)
(서울대 이태진 교수의 동경대생들에게 들려준 한국사 내용 인용 작성)

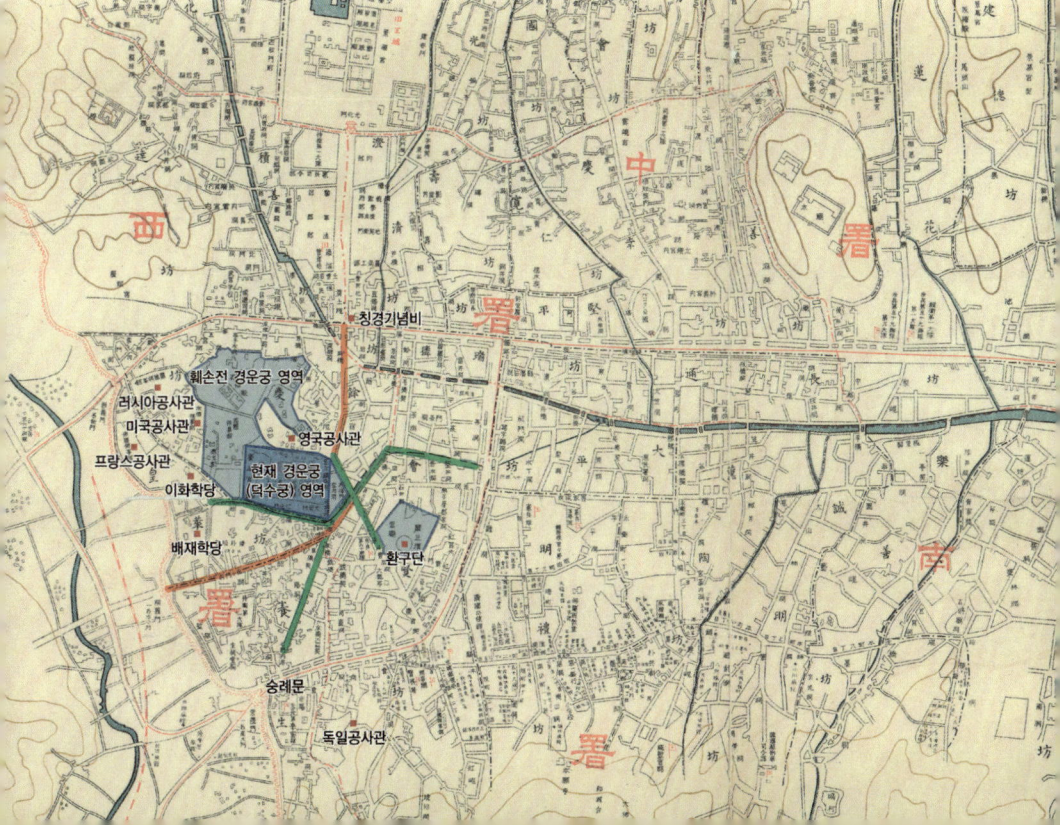

III

경운궁의 입지적 특징과 황궁의 권위를 뒷받침한 근대적 서양 건축물

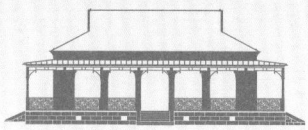

이 장에서는 고종이 조선의 상징적 법궁인 경복궁을 떠나 경운궁으로 옮겨가 황궁으로 삼게 된 이유로서 그 입지적 장점과 역사성 및 상징성 등을 고찰한다. 이어서 우리나라에 성립된 근대 건축의 주요 축으로서 자생적 근대 건축 및 서양식을 적극 들여와 만든 근대 건축의 두 계통에 대한 이해를 통해 근대 건축의 현장이었던 경운궁에 대하여 살펴본다.

이러한 우리의 근대 건축에 대한 이해를 바탕으로 경운궁 내에 건립된 각각의 근대 서양 건축물에 대하여 분석 고찰한다. 여기서 경운궁 내 전통 전각과 관련해서는 1901년과 1904년 발생한 두 차례 화재[181]와 일제 강점기 때 일본에 의해 자행된 궁궐 훼철 및 공원화 사업 등으로 인해 고종이 경운궁을 주목했던 1893년 이래로 확장되어 간 전각 배치 및 그 변화 과정 등에 대하여 제대로 알 수 없는 상황이다. 이를 파악하기 위해서는 당시 궁역 내 전체 유구에 대한 발굴조사 선행과 함께 국내·외 사료 발굴을 통한 연구 성과들이 축적되어야 가능하므로, 여기서는 황궁의 권위를 뒷받침한 근대 서양 건축물만을 대상으로 살펴보며, 이것만으로도 황궁의 면모를 충분히 알 수 있기 때문이다.

마지막으로 일제 강점기 때 시행된 일본의 경운궁 훼철과 그 역사 왜곡과 관련하여 조선총독부 편찬 과장 오다쇼오고(小田省吾)가 쓴 덕수궁사를 중심으로 경운궁이 어떻게 폄하되고 부정적 모습으로 기록되었는지 살펴보며, 이를 통해 당시 일본이 남긴 왜곡된 기록의 실상을 파악하고[182] 경운궁의 역사를 올바로 이해하는 바탕이 되도록 한다.

1. 입지적 장점과 역사적 상징성을 갖춘 대한제국의 황궁, 경운궁

지난날 역사에 대한 소상한 지식과 외국 정세에 대한 합리적 판단 능력을 갖췄던 고종은 을미사변[183]으로 명성왕후가 시해당하는 위기를 맞아 아관 파천을 통해 위기에서 벗어나 왕권을 회복한 후 서구 열강의 세력 균형을 활용하고 역사의 지혜를 빌려 일본의 침략에 대응하면서, 서구 문물과 제도 등을 적극 도입하여 새로운 황제국의 시대를 열어가고자 노력하였다.

이러한 고종의 뜻을 실현하는데 경운궁은 최적의 장소였다. 첫째로, 경운궁 담장을 따라 북쪽에는 영국공사관, 서북쪽에는 미국공사관이 접해 있었고, 남쪽 인근에는 독일공사관이, 서쪽 인근에는 러시아공사관과 프랑스공사관이 있어, 필요시 협조를 받거나 국제 외교에 지정학적으로 유리하였다. 또한 이들 구미 5개국의 공사관의 철통같은 보안은 곧 경운궁의 보안과 직결되었다.

둘째로, 경운궁은 임진왜란 당시 일본의 침략을 수습했던 중심 장소였기에 을미사변 등 거듭된 일본의 침략에 맞서는 거점으로 역사성과 상징성까지 모두 갖춘 궁궐이었다.

이에 따라 이미 1893년에 경운궁의 역사적 상징성과 의미를 신하들과 백성들에게 알린 바 있던 고종은 아관 파천 시기에 명을 내려 경운궁을 법궁으로서의 격식을 갖추게 한 후 1897년 2월 20일 경운궁으로 이어하였고, 같은 해 10월에 광무 황제로 즉위하여 경운궁을 대한제국의 황궁으로 삼았다. 특히 아관 파천 무렵에 이미 경운궁 정문(대안문) 우측 편에 2동의 서양식 벽돌조 건축물을 지은 후, 이곳을 1899년에 대한제국 군대 전체를 통솔하는 원수부로 삼았고, 그 우측편 인근에 벽돌조 망대까지 설치하여, 외부로부터의 침입 가능성을 철저히 막을 수 있는 요새화된 궁궐로 만들었다.

그리고 황궁의 격에 맞게 중화전 중건 등 전통적인 궁궐 건축 법식에 따라 전각을 갖춰 나가면서[184] 또 한편으로 자주 자강을 위해 서구 열강과의 외교의 장으

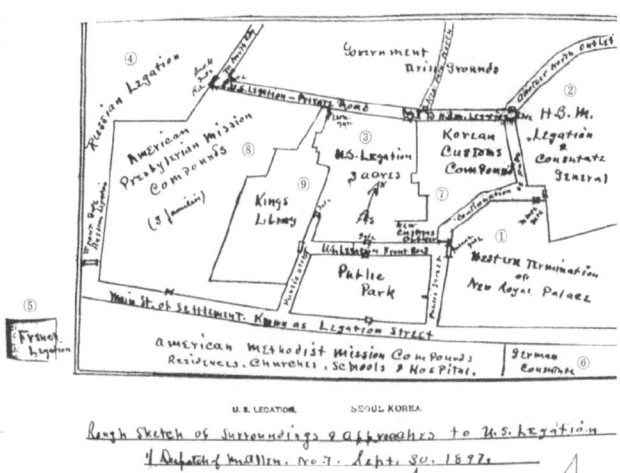

고종의 경운궁 이어 당시 알렌
(H. N. Allen 1858-1932)의
정동 주변 스케치(1897)
(출처 : 대한제국 1907 헤이그 특사)

①경운궁(현 덕수궁)　④러시아공사관　⑦한국 총해관
②영국공사관　　　　⑤프랑스공사관　⑧미국 장로교 선교구
③미국공사관　　　　⑥독일영사관　　⑨수옥헌이 위치한 곳

1897년경의 경운궁과 주변 현황
(덕수궁 복원정비 기본계획을
바탕으로 정리)

69

로 적극 활용하기 위한 근대적 서양 건축물들을 지어 황궁의 권위를 뒷받침하도록 하였다.

이에 따라 궁궐 입구의 군사 시설인 원수부와 벽돌조 망대, 황실 도서관인 수옥헌(중명전), 해관으로 건립되어 외국 사신 접견 시설 등으로 쓰인 구성헌, 어진을 봉안한 정관헌, 연회장 겸 접견 시설인 돈덕전, 석조전 등 서양식 건축물들이 전통 한식 건축물들 속에 조화를 이루며 자리 잡았다.[185]

1902년 완공된 중층 중화전 모습 (1904년 4월에 화재로 소실됨)
(국립고궁박물관 소장)

1902년 대안문 및 우측의 원수부 전경(출처 : 고종의 독일인 의사 분쉬)

2. 자생적 근대 건축을 넘어
   서구적 근대 건축 병행의 현장, 경운궁

근대는 시대 구분 외에도 봉건적 사회에서 새로운 혁신적 사회로 바뀌는 시기라는 의미가 포함되는데, 우리나라 근대 건축 성립은 크게 두 갈래로 진행되었다.[186] 한 갈래는 전통건축 양식을 바탕으로 하여 등장한 자생적인 근대 건축이고 다른 한 갈래는 자생적인 근대 건축 성립 이후에 서양건축 양식을 적극 들여와 만든 근대 건축이다.[187]

우선 자생적인 근대 건축의 사례로는 정조가 18세기 실학 정신과 과학 기술을 집결하여 만든 수원 화성[188]과 조선시대 말기 정토 염불 사상의 성행 속에 새롭게 등장한 독특한 형식의 염불 전용 복합 불당인 대방[189] 등이 있다.

이러한 자생적 근대 건축의 성립 배경에는 영조 이래 실학사상의 발전과 더불어 기존의 전통적 신분 제도가 급속히 와해되는 가운데 화폐·상품 경제의 발달과 이에 따른 소작료 금납화, 임금제 도입, 건식 기법 등 건축 기술 발달 및 이에 따른 공사기간 단축 등과 같은 근대적인 자본주의적 생산 체계가 진척된 것에 기인하고 있다.[190]

수원 화성 성곽 전경(2007.3.7)

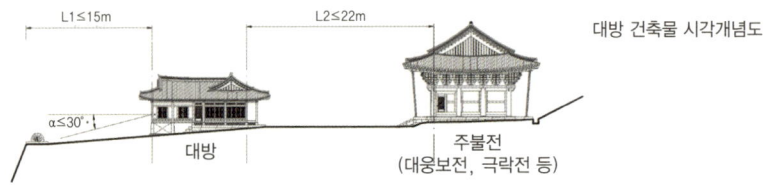

대방 건축물 시각개념도

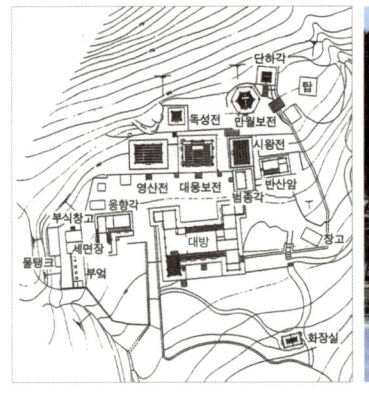

남양주 흥국사 대방 배치도

남양주 흥국사 대방 전경(2011.1.20)

　다음으로 서양건축을 적극 들여와 만든 서구적 근대 건축의 사례로는 고종이 경운궁 내에 건립한 서양식 건축물들을 들 수 있다.

　이 배경에는 문호 개방(1876)을 하고 서구 열강과의 조약 체결을 통해 서구 문물과 제도를 적극 받아들이면서 일본의 침략에 맞서 자주 자강 정책을 추진했던 고종의 치밀한 계획이 있었다. 당시 서구 열강의 공사관들로 둘러싸인 경운궁으로 이어하여 왕실의 안전을 도모한 후, 황제에 즉위하여 대한제국 선포와 더불어 연호를 광무로 하고 경운궁을 황제가 머무르는 대한제국의 황궁으로 삼고,[191] 전통 방식의 궁궐 경내에 서양인들이 놀랄 정도로 화려하고 아름다운 근대적 서양식 건축물들을 조화롭게 지어 제국의 위엄과 품격을 드러내면서 국제 외교의 장으로 적극 활용하였다.

　이에 따라 서양 양식을 바탕으로 우리 전통 양식을 접목한 한양절충 양식의 정관헌 건물 등에서 엿볼 수 있듯이, 고종 연간의 경운궁은 정조의 수원화성 건립 이래로 꽃피웠던 자생적 근대 건축을 넘어 서구적 근대 건축이 함께 꽃피었던 황궁이 되었다.

정관헌 모습
(2011.1.25)

경운궁 내 서양식 건축물 위치
(1907~1910년경 배치도)

3. 경운궁 내 근대적 서양 건축물

이 시기 경운궁에 건립된 서양식 건축물에 대하여 의궤 등 1차적 사료 부족으로 설계자 등을 비롯하여 이들 양식 건축 건립과 관련한 세세한 내용을 충분히 알 수 없는 상황이다. 하지만 옛 사진 등 문헌 자료와 현존 건축물 및 지금까지 축적된 조사연구 성과[192] 등을 통해 경운궁 내 건립되어 황궁의 권위를 뒷받침한 근대적 서양 건축물에 대하여 그 개요를 알 수 있어 살펴보도록 한다.

(1) 원수부 건축물

현존하지는 않지만 대한제국 당시 대안문 우측에 2열로 나란히 자리한 벽돌조 2층 서양식 건축물이 있었는데, 이는 1904년 경운궁 화재 당시 허버트가 작성한 자료[193]에 있는 주요 전각 배치도에서 "Board of Generals"로 표기되어 원수부가 있던 건물로 해석된다.[194]

1899년에 반포된 원수부 규칙 1편에 원수부는 군무국장 아래 18명이 소속된 군무국, 검사국장 아래 13명이 소속된 검사국, 기록국장 아래 6명이 소속된 기록국, 회계국장 아래 12명이 소속된 회계국, 그리고 글을 아는 병졸 40명 등 4국 93명의 규모로 황궁 안에 설치하도록 규정되어 있다.[195] 이로부터 이 무렵에는 건립되어 있었을 것으로 추정되며, 중층 중화전이 건립(1902)되기 전에 찍은 사진에서도 이 건물이 나타나는 것으로 보아 늦어도 1901년에는 있었음을 알 수 있다.

그런데 고종은 경운궁으로 옮기기 전 경복궁에 거처할 당시 일본이 자행한 경복궁 기습 점령(1894.7.23)과 명성왕후 시해(1895.8.20) 사건 등의 만행을 당하여 아관 파천을 하였기에, 경운궁으로 옮기면서부터는 일본의 추후 침입을 궁궐 입구에서 막기 위한 대비책을 가능한 빨리 마련하는 것이 매우 당연하다. 이러한 측면에서 늦어도 1899년 원수부 규칙을 반포한 무렵에는 원수부 건축물이 건립되어 있었을 것으로 추론함이 합리적인데, 1896년경 모습으로 추정되는 사

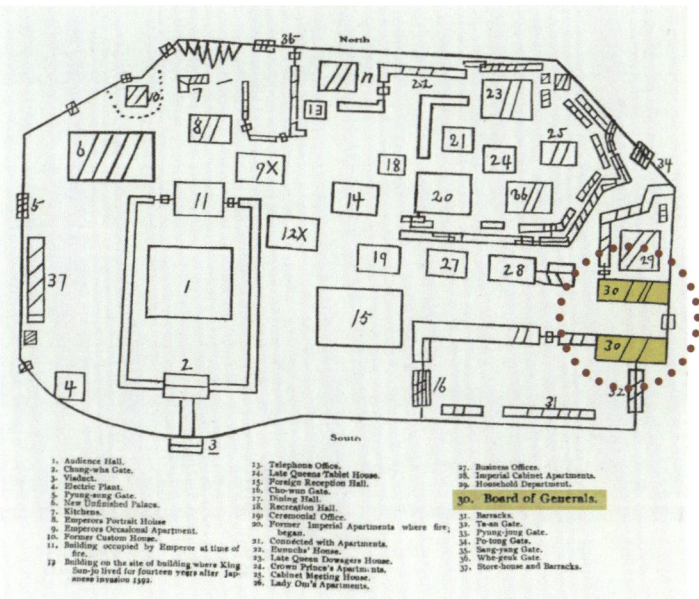

1904년 경운궁 화재 당시 허버트가 작성한 배치도에서 원수부 위치
(출처 : 덕수궁 복원정비 기본계획)

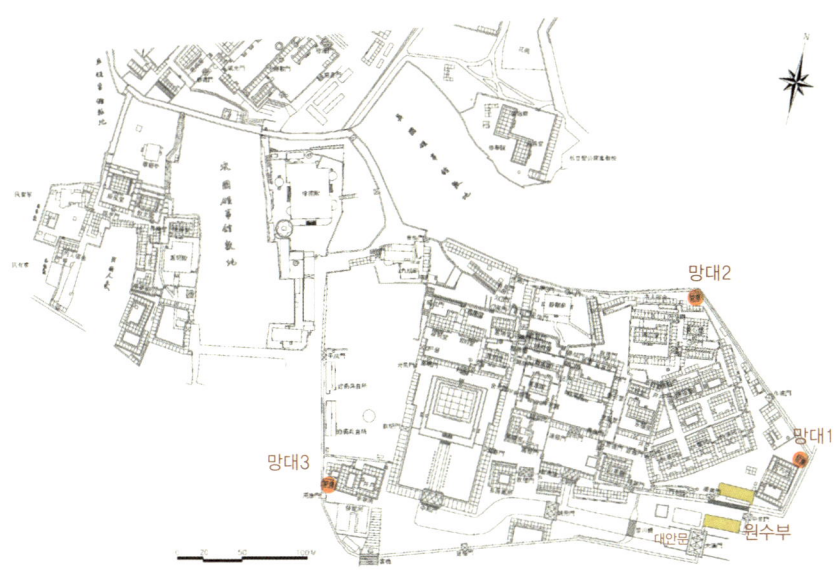

경운궁 입구부의 원수부 및 인접 망루 위치(1907년~1910년경)
(덕수궁 복원정비 기본계획 자료를 바탕으로 위치 반영)

원수부 전경 부분 발췌 사진(국립고궁박물관 소장)

진에 원수부 건축물이 있으므로, 이 때 이미 건립되어 있음을 확인할 수 있다.

따라서 아관 파천 무렵에 이미 경운궁 정문(대안문) 우측 편에 2동의 서양식 벽돌조 건축물을 지은 후, 이곳을 1899년에 대한제국 군대 전체를 통솔하는 원수부로 삼았음을 알 수 있다.

이 원수부와 더불어 그 주변으로 망대[196]까지 설치하였는데, 이를 통해 일본의 침입에 철저히 대비하였던 것을 알 수 있다. 아울러 경운궁 담장에 면해 있는 구미 각 국 공사관들로 인해 이쪽으로 일본이 침입하는 것은 불가능하여 궁궐 주변의 안전을 확보하였고, 이는 유사시에 러시아공사관 등 주변 공사관의 협력까지도 도모할 수 있는 구조였음을 알 수 있다.

93명을 수용한 이들 2층 건축물 두 동에는 군사 통솔에[197] 관련된 다양한 시설이 갖추어졌을 것으로 판단되며, 사진과 배치도 등을 통해 그 위치 및 외관을 살펴볼 수 있다.

당시 촬영된 사진으로부터 모습을 보면 벽돌조 벽체에는 수직창문 및 수평 돌

1896년경의 경운궁 대안문 및 우측편 원수부 모습(정성길 소장)
(정성길 대구동산병원 명예박물관장은 2006년 8월 21일자 경북매일의 '110년전 경운궁 대안문의 모습' 기사에서
1896년경 추정 사진을 한 고사진수집가로부터 입수했다고 밝히고 있다.)

원수부 내 육군법원 현판 모습(국립고궁박물관 소장)
(육군법원은 1900년 9월 제정된 육군법률에 의거하여 원수부 내에 설치되었으며, 원수부 검사국 총장 관할 하에
한성과 지방의 각 군대와 군인의 민형사 사건, 포로범죄 등을 심판하고 감옥을 관장하였다.)

태평로변의 궁역 축소 과정 및 원수부 훼철(덕수궁 복원정비 기본계획 내용을 바탕으로 정리)

대안문 앞 원수부 모습(국립고궁박물관 소장)

경운궁 대안문 및 전면 우측의 원수부 모습(국립고궁박물관 소장)

림띠를 두었고, 모서리에는 내구성을 강화하는 석재를 사용하였으며, 지붕 위에는 굴뚝 4개를 두었다. 또 대안문 앞에서 바라볼 때 박공면이 있는 벽체는 좌우대칭으로 구성하고, 대안문은 더욱 깊게 안쪽에 보이도록 하는 투시도 기법 효과를 볼 수 있어 안정감과 권위성까지 고려하여 구성된 것을 살펴볼 수 있다. 또한 지붕에 설치된 굴뚝을 통해 벽난로가 설치되었던 것을 알 수 있으며, 건축물 두 동이 비록 사진에서 전체가 완전히 드러나지 않지만, 거의 유사한 형태였던 것을 볼 수 있다.

이 원수부 건축물은 일본에 의해 1912년 5월 태평로 개수를 이유로 1,621평의 경운궁 대지가 양여되며[98] 시행된 경운궁 축소 과정에서 훼철되어 사라졌다.

당시 일본이 일제 강점기 때 최대한 빨리 이 건축물을 철거하였던 사실로부터 그 보안 기능이 매우 유효하였고 따라서 이를 무력화하기 위해 없앴던 것을 알 수 있다.

(2) 수옥헌(중명전)

수옥헌은 대한제국 당시 미국공사관 서남쪽에 위치하고 있던 서양식 벽돌조 건축물로, 원래의 것은 지금의 중명전이 건립되기 전에 있었던 것이다.[199] 아펜젤러가 1899년 3월 촬영한 사진첩에 "New Royal Library"로 주기한 자료와 독일 하인리히 친왕의 연향을 새로 만든 벽돌집에서 한다는 1899년 6월 동아일보 기사 및 1899년에 완공되었다는 알렌의 기록[200] 자료로부터, 1899년 건립된 황실 도서관이면서 국빈을 맞아 잔치를 베푸는 연향의 용도 등으로도 사용되었음을 알 수 있다.

이 건물이[201] 1901년 11월 화재 피해를 입은 후[202] 1902년 새롭게 재건된 것이 중명전인데, 여전히 수옥헌으로 불리다가 1906년 말부터 중명전이란 명칭으로 불린 것을 볼 수 있다.[203]

1901년 화재를 당하기 전의 수옥헌은 러시아인 사바찐이[204] 설계한 것으로 추정되며, 현존하지는 않지만 사진과 문헌 등 관련 기록을 통하여 그 모습을 잘 살펴볼 수 있다. 벽돌조 지상 2층 건물로, 회랑 바깥쪽에 장식을 최소화한 기둥과 난간이 구성되어 있고, 일정한 간격으로 기둥이 구성되어 있는 우측면을 포함하

1897년경의 경운궁 내 수옥헌 위치
(출처 : 덕수궁 복원정비 기본계획)

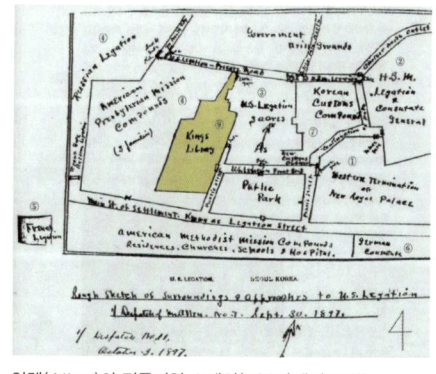

알렌(Allen)의 정동지역 스케치(1897)에서 보이는 수옥헌(King's Library)

수옥헌 전경(1899년 3월 아펜젤러 촬영 사진 부분확대)
(배재학당역사박물관 소장)

재건된 수옥헌(중명전) 1907년경 정면 현관 모습(국립고궁박물관 소장)

재건된 수옥헌(중명전)의 변형된 옛 모습
(출처 : 德壽宮史)

재건된 수옥헌(중명전) 복원 후 모습
(2015.7.3)

여 전체적으로 좌우대칭 형태이며, 지붕에는 굴뚝이 설치되어 실내에는 벽난로를 설치하였음을 알 수 있다. 정관헌을 간략화한 듯한 형태로 지붕 상부를 제외하면 매우 유사하게 보이고 있어 주목된다.

　이후 1902년 재건된 수옥헌은 1925년의 화재 피해와 수차례 용도가 바뀌는 과정에서 많은 손상을 입었지만 실물이 남아 있고 문헌 자료 및 1907년 촬영 사진 등 관련 사료들이 있어 이를 바탕으로 최대한 옛 모습을 되찾아 보수·복원하여 일반에 개방하고 있다.[205] 지하1층 지상 2층 벽돌조 건물로, 회랑 바깥쪽에 아치 아케이드와 이를 지지하는 벽돌 기둥 및 석재 난간을 두었는데, 이전의 수옥헌과는 전혀 다른 모습을 하고 있다. 지붕에는 비록 개수가 줄었지만 굴뚝이 설치되어 실내에 벽난로를 설치하였음을 알 수 있고, 전체적으로 좌우대칭 형태를 하고 있다.

　경운궁 내 서양식 건축물 모두 일관되게 아치 아케이드가 구성되었고 수옥헌의 경우도 마찬가지였다. 그러나, 일제 강점기 동안 수옥헌은 사면에 구성된 아치 아케이드는 물론이고 전면 중앙부의 정면성을 강조하여 돌출 구성된 삼각형 박공 모습의 페디먼트까지 없어졌으며, 그 변형된 모습의 수옥헌 사진이 일본 측 자료인 "덕수궁사"에 실려 있는 것을 볼 수 있다.[206]

(3) 구성헌

구성헌은 현존하지는 않지만 대한제국 당시 석조전 자리 뒤쪽에 있었던 2층 서양식 건축물이다. 아펜젤러가 1899년 3월 촬영한 사진첩에 "custom bldg." 으로, 1904년 경운궁 화재 당시 허버트가 작성한 자료에 "Former custom house.", 즉 전(前) 해관(海關)으로 기록한 자료와 고종이 외국 공사를 접견하였던 고종실록 기록으로부터, 늦어도 1899년 초까지는 대한제국의 해관[207]으로 건립되었다가 그 용도가 바뀐 후 외국공사 등의 접견실 용도 등으로도 사용[208]되었음을 알 수 있다.

1904년 경운궁 대화재 직후 고종이 "병신년(1896)에 이어하였을 때에는 오로지 즉조당(卽阼堂) 하나뿐이었다. 지금은 몽땅 불탔지만 가정당(嘉靖堂)·돈덕전(惇德殿)·구성헌(九成軒)이 아직 온전하게 있는 만큼 그때에 비하면 도리어 낫다"라고 언급한 실록 기록을 통해,[209] 구성헌은 화재 피해를 입지 않았으며, 철거

1904년경 배치도에서 구성헌 위치
(출처 : 덕수궁 복원정비 기본계획)

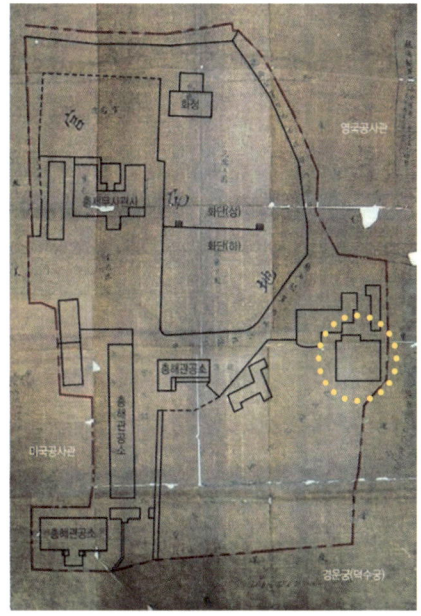

1900년 총해관공소 지도상 구성헌 위치
(출처 : 경운궁 돈덕전 복원 조사연구)

구성헌 좌측면 및
전면 일부 확대
모습

우측 가장자리의 구성헌 모습(1899년 3월경)
(배재학당역사박물관 소장)

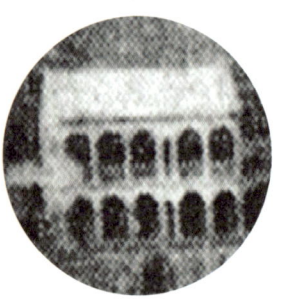

구성헌 전면 확대 모습

중화전 좌측 후면의 구성헌 전경
(출처: 朝鮮名勝記, 1910)

시기는 알 수 없으나[210] 장서각 소장 배치도와 황태자가 고등학교와 무관학교 순람을 위해 구성헌에서 출어한다는 1907년 궁내부의 포달 기록[211]을 통해 이때까지 존속하였음을 알 수 있다.

   당시 모습을 찍은 사진을 보면[212] 회랑 바깥쪽에 아케이드를 둔 2층 박공지붕 건축물로, 지붕에 굴뚝 일부가 보이고, 전면과 좌측면 모두 아치 아케이드가 5개씩 구성되어 있다. 그런데 기둥과 기둥 사이 간격을 보면, 좌측면은 중앙부가 그 좌우의 것들에 비하여 좁게 만들어지는 등 아케이드가 동일하지 않게 구성되었다. 이에 반해 전면은 모두 균등하게 구성되면서도, 중앙간 우측 쪽에 기둥 2개를 구성하여 좌우 비대칭 형태를 취하고 있다. 이는 서양의 고전적 수법인 좌우대칭 형태에서 탈피한 것으로서 새로운 양식을 도입하여 변화를 주고 있음이 주목된다.[213]

구성헌 측후면 확대 모습

구 러시아공사관 쪽에서 바라본 1900년초 구성헌 전경
(국립중앙도서관 소장)

(4) 정관헌

정관헌은 1900년 사바찐이 설계한 것으로 추정되는 건축물이다. 고종이 태조 영정을 정관헌에 임시 봉안하도록 명한 1901년 2월 5일(음력 1900년 12월 17일) 실록 기록으로 보아, 동절기 이전인 1900년에 건립되었을 것으로 보인다. 건립 이래로 1912년까지 어진을 봉안한 진전(왕의 초상화인 어진御眞을 봉안, 향사하는 처소)으로 쓰였다.[214]

그러나 일제 강점기 때 일본이 추진했던 대한제국 황실의 역사와 존엄성 훼손 및 왜곡 정책 속에서 어진 봉안 공간을 둘러싼 벽돌 벽체가 해체되고, 목조 바닥이 철근콘크리트로 변형되는 등 중요하고도 신성했던 내부 공간에 대한 변형이 이루어졌고,[215] 다과를 드는 휴식 공간 용도로 변용된 후, 지금의 형태로 전하고 있다.

이 건물은 궁궐 내에 서양의 건축 양식을 들여오지만 자생적 근대 건축이 성립되었던 토양을 반영하여 한양 절충의 형태를 갖추고 있음을 볼 수 있다. 외진기둥

정관헌 부분 확대 모습

1902년의 정관헌 모습
(출처 : 고종의 독일인 의사 분쉬)

은 목재를 사용하여 플루팅을 한 주신 위에 코린트식과 이오니아식을 결합한 컴포지트 오더로 주두를 구성하고 있다. 그런데 그 위에 당초문을 기반으로 전통적인 초화 무늬를 새겨 장식하였는데, 주두 위 사각기둥에는 꽃병 위에 매화, 국화, 모란 등 각종 식물을 새겨 장식하였고, 기둥 사이 낙양에는 복숭아를 문 박쥐와 국화 및 모란꽃 등을 새겨 장식하고 있다. 또한 전면 어간 상부의 낙양에는 두 마리 용을 새겨 전통적인 수법으로 황제의 권위를 드러내고 있다. 진전으로서의 중요성과 역할을 고려하여 좌우대칭을 주조로 하면서 한양 절충(韓洋折衷)의 형태를 취한 것으로 보인다.

정조 때의 수원 화성이 우리의 것을 바탕으로 하면서 외국의 것을 조화롭게 취하여 자생적 근대 양식 성립을 이룬 것과 비교해 보면, 고종 때의 정관헌은 서양의 것을 바탕으로 하면서 우리의 것을 접목하였음이 주목된다.

1930년 이전의 정관헌(국사편찬위원회 소장)

정관헌의 영친왕(하정웅 기증/국립고궁박물관 소장)

정관헌 전면 어간 상부 상세(2011.1.25)

정관헌 기둥 모습(2011.1.25)

정관헌 전경(2011.1.25)

(5) 돈덕전

돈덕전은 현존하지는 않지만 대한제국 당시 구성헌 뒤쪽으로 미국공사관과 영국공사관 사이의 대지에 위치하고 있던 2층 서양식 건축물이다. 고종 황제 즉위 40주년 칭경예식 때 사용할 연회장 용도로 만들어진 이래, 외국 공사와의 접견 등에 적극 사용되었다.[216]

사바찐이 설계한 것으로 알려져 있는 이 건물이 자리한 곳은 1895년 작성된 「미국공사관배치도」에 'Korean Customs Compound'라고 표기되어 있어,[217] 총해관 구역임을 알 수 있다.

이 건물 건립과 관련하여 1901년 6월경 서울을 다녀간 지그프리트 겐테는 이 해에 해관이 들어설 자리에 궁전(돈덕전)을 새로 짓고 있음을 기록하였고, 제국신문은 황실에서 해관을 쓰기 위해 1901년 3월 8일까지 다른 곳으로 옮기라는 처분을 내린 후 이 날이 되자 궐 내 물품을 해관으로 옮기고 있는 상황을 기사에서 밝히고 있다.[218]

이외에도 고종 황제 즉위 40주년 칭경예식을 치르기 위한 연회장을 전(前) 총해관의 총세무사 관사 자리에 짓기 시작했다는 알렌의 기록[219] 등 여러 자료를 종

돈덕전 정면 전경(출처 : 일본 궁내청 소장 창덕궁 사진첩)

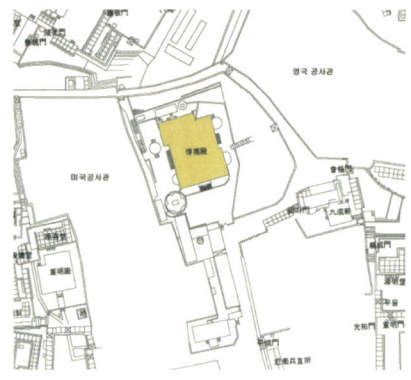

1904년경 배치도에서 돈덕전 위치
(덕수궁 복원정비 기본계획)

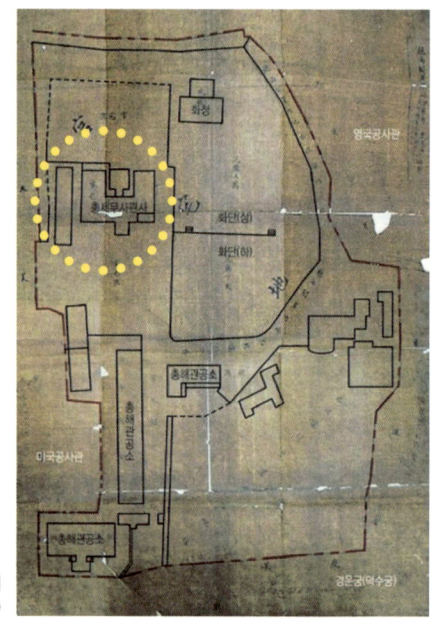

1900년 총해관공소 지도상 돈덕전 위치
(출처 : 경운궁 돈덕전 복원조사 연구)

합해 보면, 돈덕전의 경우 그 지을 자리를 총해관이 있던 곳으로 정하여 1901년 3월에 확보하고, 총해관을 다른 곳으로 옮겨가게 하였으며, 6월경 공사에 착수하여 1902년 말 준공하였을 것으로 보인다. 고종 황제가 즉위 40주년을 맞아 1902년 10월 18일에 이곳에서 칭경예식을 치르기 위해 건립하였음을 볼 때, 칭경예식일 이전에 준공되었을 가능성이 높다. 그런데 당시 콜레라가 퍼지면서 칭경예식이 다음 해 1903년 4월 30일로 미뤄지게 되었고, 이에 따라 1903년 4월 6일자 황성신문에 칭경예식 연회를 베푸는 장소로 "돈덕전"이란 이름이 등장한 것을 볼 수 있다.[220]

고종은 외국 공사들을 돈덕전에서 빈번히 접견하였는데,[221] 유럽식 외관에 황금색의 화려한 접견실을 갖추고 매우 품위 있고 우아한 장식을 한 이 건물을 열강과의 외교에서 대한제국의 품격과 권위를 뒷받침하는 중요한 수단으로 적극 활용한 것을 알 수 있다.

L'ILLUSTRATION에 게재된 돈덕전 입면 모습
(국립고궁박물관 소장)

 또한 엠마 크뢰벨이 1905년에서 1906년 사이 한국을 방문하여 기록한 회고록의 다음 내용에서 돈덕전의 품위있고 우아한 내외부 모습을 잘 살펴볼 수 있다.

 "그밖에 덕수궁에는 유럽 열강이 일종의 특권으로 간주할 만한 또 다른 궁궐 건물이 있었다. 황제에게 영향력 있는 고문이었던 손탁 양의 요청으로 지어진 새 궁궐이었다. 이 자랑스러운 건물은 완전히 유럽식으로 지어졌다. 실내 장식은 놀랄 만한 품위와 우아함을 뽐내는데, 파리를 모델로 한 것이었다. 접견실은 황제의 색인 황금색으로 장식되었다. 황금색 비단 커튼과 황금색 벽지, 이에 어울리는 가구와 예술품들, 이 모든 가구는 황제의 문장인 오얏꽃으로 장식되었다. 붉은 색으로 장식한 두 번째 방 또한 화려함에서 전혀 뒤지지 않았다. 이 세련되고 사치스러운 궁궐은 조선의 군주가 특별한 접견이 있을 경우 1년에 단 두어 차례만 찾았을 뿐인데도, 옛 황제의 거처로 간주했다. 이 궁의 주된 목적은 외국의 고위 인사가 잠시 머무는 숙소로, 이런 시설을 통해 특별한 영광과 존경을 표하려 했다."[222]

1927년 무렵까지 존속한 돈덕전은[223] 길이 127척 가량, 폭 95척 가량에 건평 약 350평, 연 700평 규모로 되어 있다.[224] 석재와 벽돌이 함께 사용된 지하 1층 지상 2층 건축물이며, 상하층 모두 바깥쪽 회랑이 아치 아케이드로 구성되고 지붕에 크기가 다른 튜렛(Turret)이 3개소 만들어졌는데, 비대칭 형태로 되어 서양의 고전적 수법인 좌우대칭 형태에서 탈피한 근대적 양식을 도입하고 있음이[225] 주목된다.

돈덕전 내 어침실
(국립고궁박물관 소장)

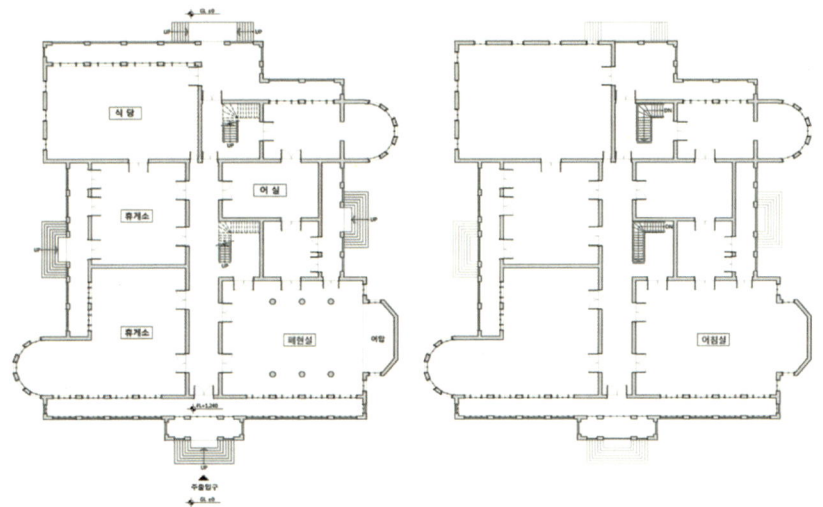

돈덕전 1층 복원 평면도
(출처 : 경운궁 돈덕전 복원조사 연구)

돈덕전 2층 복원 평면도
(출처 : 경운궁 돈덕전 복원조사 연구)

(6) 석조전

석조전은 중화전 좌측 뒤편에 위치한 대한제국 최대 규모의 3층[226] 서양식 건축물로, 대한제국 재정고문이었던 영국인 브라운(John McLeavy Brown, 1835~1926)의 발의로 시작되어, 1898년 영국인 하딩(John Reginald Harding, 1858~1921)이 설계하여 1910년 준공되었다.[227]

석조전 준공 당시는 대한제국이 국권을 상실(1910.8.29.)하였고, 이보다 3년 전인 1907년에는 헤이그 밀사 사건으로 고종이 순종에게 양위를 하였기에, 황제의 궁전 역할을 하지 못하였고, 다만 퇴위한 황제의 생활공간으로 고종 승하(1919.1.20.) 때까지 사용되었다.

이에 따라 이 석조전은 1910년 경술국치 이후 경운궁 내 대부분의 서양식 건축물들이 철거되는 와중에도 남겨졌지만, 고종 승하 후 1933년 개조공사 때 내부가 모두 철거되었고 일본 근대 미술품을 진열하는 진열관으로 철저히 변형되었다. 광복 이후에는 미소공동위원회 사무실, 국립미술관, 국립박물관, 국립

석조전 전면 모습(국립중앙박물관 소장)

석조전 정면도 및 배면도(일본 하마마쯔 시립도서관 소장 청사진)

석조전 우측면도(일본 하마마쯔 시립도서관 소장 청사진)

석조전 내부 모습(출처 : 한말궁중관계사진첩(1918년), 서울대학교박물관 소장)

현대미술관, 궁중유물전시관 등으로 사용되다가,[228] 2009년 복원설계 완료 후 복원공사에 들어가 2014년 5월 복원을 끝내고[229] 대한제국역사관으로 운영되고 있다.

그 구성을 보면, 1층 지층은 상부 기둥을 받도록 일종의 기단층으로 구성하여 시종들이 거처하는 실을 두었고, 2층과 3층은 이오니아식 기둥으로 구성하여, 2층에는 접견실과 홀 등을, 3층에는 황제와 황후의 침실과 거실 등을 두었으며, 그 위로 정면과 좌우 양측면의 중앙부에 돌출된 페디먼트, 즉 삼각형 박공을 구성하였다. 그리스식 신고전주의 양식을 기본으로 하여 석재와 적벽돌 등을 사용하여 만들었으며,[230] 건축면적은 493평, 연면적은 1,247평이다.[231] 건물 내부는 로코코풍으로 장식하였고, 접견실에는 황실 문장인 오얏꽃무늬를 새겨 장식하였다.

이상에서 경운궁 안에 건립한 근대적 서양 건축물들 가운데 현존하거나 구체적으로 사료를 찾을 수 있었던 건축물 6동에 대하여 살펴보았다.

외부로부터의 침입을 막는 요새 기능을 구현한 경운궁 정문의 원수부 건물과 벽돌조 망대, 서양 근대 건축의 좌우 비대칭 구성 경향이 반영되어 좌우대칭 형태에서 탈피하면서 웅장하고 화려하게 구성된 구성헌과 돈덕전, 서양식 건축 바탕에 한식을 접목한 한양절충의 정관헌, 장식이 배제된 근대 건축의 모습을 보이는 초기 수옥헌, 우아하고 웅장하면서 좌우대칭을 기조로 하고 있는 조적조로 된 수옥헌(중명전)과 그리스식 신고전주의 양식의 석조전 등이 그것이다.

이들 서양식 건축물들은 당대의 국제적 사조를 따르면서 다양한 형태로 만들어졌다.

기능 우선이었던 원수부·망대와 모더니즘이 구현된 초기 수옥헌을 제외한 나머지 서양식 건축물들의 경우 석재와 벽돌을 함께 사용하거나 벽돌과 목재를 사용하여 서양 건축 양식을 우아하고 화려하게 구현하였거나 서양의 것에 우리의 것을 접목한 독특한 한양절충식을 만들어냈으며, 이는 일본 내 서양식 건축물들과[232] 그 차원을 달리하였다.[233]

4. 일본 메이지 정부의 경운궁 역사 자료 관련 사료 고찰

선조 이래로 대한제국 시대까지의 문화와 역사가 담긴 경운궁에 대하여 일본은 일제 강점기에 들어가면서 태평로 개수(改修)를 이유로 들어 1912년에 우선 대안문 우측에 있는 원수부와 입구 망대부터 철거하여 황궁의 방어시설을 무력화하였다. 뒤이어 1913년에 황궁의 핵심 시설 중 하나로서 황제가 하늘에 제사를 드리는 환구단을 철거하고, 그 자리에 조선경성철도호텔을 지어 황궁의 흔적을 지웠다. 그리고 공원으로 만들면서 경운궁 내 서양식 건물들을 대부분 철거하였으며, 그나마 남겨둔 정관헌과 석조전의 경우도 건물 내부를 모두 철거하여 변형시켰다. 또한 경운궁을 부정적인 모습으로 기록하여 왜곡된 역사를 남겼다.[234]

이와 관련하여 당시 일본 측에서 경운궁에 대하여 만든 자료인 『덕수궁사』를 살펴보면 그 역사 왜곡 내용을 알 수 있는데, 다음과 같다.

『덕수궁사(德壽宮史)』는 오다쇼오고(小田省吾, 1871~1953)가 1938년에 발

간한 책이다. 그는 미에켄(三重縣) 출신으로 1899년 동경제대 사학과를 졸업 후 1908년 조선에 들어와 1918년 조선총독부 중추원 편찬과장으로 1923년 조선사 편찬에 종사하면서 조선사학회를 창립하였던 일본 관료였다.[235]

이 책을 보면 가장 앞쪽에 도판을 실은 후, 총설 다음에 제1절 월산 대군 사저 시대, 제2절 시어소(時御所) 시대, 제3절 경운궁 시대 전기, 제4절 경운궁 시대 후기, 제5절 경운궁 1904년의 대화재와 복구(1896~1902년), 제6절 중화전·대한문 및 석조전, 제7절 덕수궁 시대로 정리하고 있다.

우선 덕수궁사 앞쪽에 실린 도판을 보면, 처음 나타나는 사진은 경운궁 정문인데 1904년까지 걸려있던 대안문(大安門) 현판이 아니고 이후에 걸린 대한문(大漢門) 현판 모습이다.[236] 그 다음 사진은 중화전인데 대화재 이전의 중층 중화전에 대한 모습 없이 단층 중화전 모습만을 실었다. 뒤쪽으로 가면 정관헌 사진이 있는데 어진을 보관했던 공간의 벽체가 사라지고 이에 따라 굴뚝도 사라진 변형된 모습이다. 건축물 사진으로서 마지막에 있는 것은 중명전인데 바깥쪽 아치 아케이드의 개구부가 없어지고, 벽체로 바뀌었으며, 또한 전면 중앙부의 돌출된 페디먼트 등도 없어져 변형된 모습이다. 이 사진들은 일본의 침략으로 인해 쇠락하고 변형된 궁궐의 건축물 모습을 단적으로 보여주도록 구성되었으며, 돈덕전 등 웅장하고 아름다운 건축물들 모두 제외되어, 황궁 경운궁의 영광과 권위를 알 수 있는 사진은 없다.

다음 본문을 보면 첫 절에서 「월산 대군 사저 시대」라는 제목 아래 '월산 대군(月山大君)', '월산 대군의 사저와 그 위치(月山大君の私邸と其の位置)'라는 각각의 소제목으로 월산 대군의 가계와 그 집의 위치 등을 정리 후, 다음 절에서 「시어소 시대」라는 제목 아래 '임진왜란과 일본군 제장 진지(壬辰亂と日本軍諸將陣地)', '국왕의 환도와 시어소(國王の還都と時御所)', '시어소의 상태(時御所の狀態)'라는 각각의 소제목으로 임진왜란의 발발과 경과 및 도성 내 일본군 주둔 장소, 이에 따른 선조의 피난과 환도 및 시어소가 된 옛 월산 대군 집의 위치와 상태 등을 기록하고 있다.

그런데 경운궁의 역사가 시작된 시기는 임진왜란 때인 1593년으로, 당시 전란에 모든 궁궐이 불탔으므로 도성 내 국왕의 거처를 찾다가 그 피해를 면한 집들 중 한 곳으로서 당시로부터 100여 년 전 월산 대군이 살았던 곳을 택하여 행궁 장소로 삼으면서부터였다. 따라서 궁궐로 사용되기 한참 전인 100여 년 전에 월산 대군이 얼마간 살았던 집의 개요에 대하여 정리할 수는 있지만, 이 책에서는 이것에 그치지 않고「월산 대군 사저 시대」라고 제목을 지어 궁궐의 역사가 월산 대군 사저 시대로부터 이어져오는 것처럼 연결 짓고 있다.

그리고 '시어소 시대'의 마지막 부분에 가서는 "시어소가 매우 격이 떨어지고 겨우 그 주위에 목책을 둘렀으며, 이항복이 병조판서가 되었을 때 목책을 궁장(宮墻)으로 바꾸어 쌓았는데 처음 궁궐다운 체재(體裁)가 되었다, 이항복이 병조판서가 된 것이 선조 31년경이므로 이를 통해 당시 시어소 대요(大要)를 알 수 있다"고 적고 또 "광해를 지나 인조원년에 이를 때까지 이 상태를 지속하기 25년"이라고 서술하여,[237] 당시 임진왜란 때 모든 궁궐이 불타 없는 상황에서 그 피해를 면했던 곳을 택하여 국왕이 머무는 행궁으로 만든 것이 핵심임에도 불구하고 이곳이 궁궐로서 형편없다는 것에 초점을 두어 기록하고 있다.[238]

이 책 본문 처음에 '월산 대군 사저 시대'라는 제목을 붙인 것은 궁궐로서의 자격이 아니었던 곳이라는 의미를 담는 동시에 궁궐로서 형편없다는 주장을 뒷받침하기 위한 의도에서였던 것으로 보이는데, 본문 내용 중에 경운궁 외에도 경복궁에 대한 언급에서 "경복궁은 불길하며, 그렇게 상주하는 바가 있어 중건에 착수하지 않았다[239]"고 한 기록 등을 통해서도 조선의 궁궐을 폄하하고 부정적으로 기록하고자 하였던 오다쇼오고의 의도가 엿보인다.

뒤이어 '경운궁 시대'에서는 인목대비를 유폐했던 시기에 초점을 맞춰 기술하는 외에도 인조 이후의 경운궁은 궁 명칭만 있을 뿐이고 하나의 당당한 이궁으로 보는 것은 타당성이 없다고 기술[240]하는 등 부정적 모습으로 경운궁을 서술하고 있다.

또한 관찬 자료인 증보문헌비고가 매우 애매한 것이 있어 결코 신뢰할 수 없다고 생각한다고 밝힌 후, 경운궁은 인조 즉위 이후 명례궁[241]으로 개칭되었고, 이후 고종 때까지 약 2백 수십 년간 명례궁으로 불리다가 고종의 아관 파천 이후 경운궁으로 이어하면서 재차 경운궁으로 개칭하였다고 기록[242]하여 경운궁 명칭을 가능한 한 지우기 위해 경운궁의 역사를 완전히 왜곡하고 있다. 숙종의 경우 경운궁 개수를 명하였고, 영조의 경우 경운궁에 자주 들른 동시에 경운궁 궁호를 직접 써서 거는 등,[243] 경운궁이란 이름을 계속 사용하였고, 이에 따라 조선왕조실록에 그 사실들이 명확하게 기록되어 있는데도, 오다쇼오고는 경운궁이란 이름을 역사에서 최대한 지우기 위해 역사에 거짓을 덧씌우기까지 한 것을 볼 수 있다.

더욱이 신성한 처소인 정관헌에 대하여는 '경운궁 시대' 편에서 태조와 고종 등의 어진을 봉안하였던 곳으로 후에 흠문각으로 이들 어진들을 옮겨 봉안하였다고 기록한 후, '덕수궁 시대' 편에서 고종이 다과를 들던 곳이라 적고, 현재 건물은 과거와 크게 그 쓰임새를 달리하고 있고, 건축연대는 미상이라고 기록하여[244] 문맥 그대로 보면 어진을 옮긴 후 다과를 들던 장소로 자연스럽게 용도를 바꾼 것으로 보이도록 한 것을 볼 수 있다.

이와 같이 일본 측이 행한 일련의 경운궁 훼철과 역사 왜곡으로 인해 웅장하고 찬란했던 황궁의 모습은 사라졌고, 경운궁이란 이름과 그 역사는 잊혀 졌으며, 『덕수궁사』를 인용한 여타 자료에서 경운궁에 대한 왜곡된 내용들이 답습되어 인용되고 있다. 심지어는 궁궐 내 신성한 어진 봉안 처소인 정관헌을 처음부터 휴식공간으로 건립한 것으로 기록한 경우[245]도 볼 수 있다. 따라서 국내·외의 사료 발굴 분석과 그 성과 축적을 통해 당시 일본이 자행했던 기록 왜곡[246]에 대하여 제대로 인식하고, 경운궁에 대한 역사적 사실을 규명하는 노력을 지속하여야 할 것이다.

영웅중 이야기

각주
참고문헌
자료 출처 및 소장처
찾아보기

1장 각주

1. 1552~1608. 조선의 제14대 국왕(재위 1552~1608)

2. 단종2년(1454)~성종19년(1488). 왕으로 추존된 덕종의 맏아들이며, 성종의 형이다. 유력한 왕위 후계자였으나, 예종이 죽은 후 성종의 장인인 한명회에 의해 성종이 즉위한 이후, 자연을 벗하며 여생을 보냈다.

3. 선조실록 43권 선조 26년(1593) 10월 1일 辛巳 2번째기사 [시월 초하루 왕세자는 해주에 있고, 상은 아침에 벽제역을 출발하여 미륵원에서 주정하고 저녁에 정릉동 행궁으로 들어갔다.(十月朔辛巳 王世子在海州 上朝發碧蹄驛, 晝停于彌勒院, 夕入貞陵洞行宮)], 선조수정실록 27권, 선조 26년(1593) 10월 1일 신사 1번째기사 [상이 경사로 4일 돌아와서 정릉동에 있는 고 월산 대군의 집을 행궁으로 삼았다(十月朔辛巳 上還京師初四日 以貞陵洞故月山大君宅爲行宮)], 고종실록 30권 고종 30년(1893) 8월 2일 신해 1번째기사 [지난 선묘 시기인 계사년(1593) 10월 4일, 경운궁에 돌아와서 위태로운 나라 형편을 수습하여 반석같이 다져 놓았다(粤在宣廟癸巳十月初四日, 還御慶運宮, 回綴旒而奠磐泰)], 고종실록 30권 고종 30년(1893) 10월 4일 임자 1번째기사 [고종이 경운궁과 즉조당에 나아가 참배하고 사면을 반포하는 교문에 "생각건대 선조 대왕이 다시 회복하신 것은 비로소 양이 소생하는 계사년(1593) 10월의 일이다. 월산 대군의 고택에 임어하시어(竊惟穆陵重恢, 迺在昭陽。十月, 臨御月山故第)…"] 참조. 이와 관련하여 정릉동 행궁에 돌아온 날짜에 대하여 선조실록에는 10월 1일로 기록하고 있으나, 선조수정실록 및 고종실록에는 10월 4일로 기록하고 있어, 나중에 날짜를 수정하였고, 이 수정한 기록을 공식화한 것을 알 수 있다.

   덧붙여 행궁은 국왕이 전란 발생이나 지방 순행 때 혹은 요양 필요 등에 따라 머물 수 있게 창궁(創宮)한 이궁(離宮)이다. 이러한 행궁은 남한산성이나 수원 화성 등에서 볼 수 있듯이 별도로 창궁하는 경우가 일반적이지만, 그밖에도 어떤 상황에 의해 국왕이 머무르게 되면 그 집 주인이 감히 다시 거처할 수 없어 정릉동 행궁과 같이 이궁이 되거나 혹은 삼계정(三溪亭) 행궁(이후 석파정)과 같이 왕실의 처소가 되는 경우를 볼 수 있다.

4. 오늘날 대통령 비서실에 해당하며, 정원(政院)·은대(銀臺) 등으로도 지칭되었다.

5. 홍문관. 삼사의 하나로서 언관의 역할을 맡아 왕권을 견제하였던 기구이다.

6. 광해(1575~1641)는 조선의 제15대 국왕(재위 1608~1623)이다. 광해 즉위 당시의 상황에 대해서는 선조수정실록 42권 선조 41년(1608) 2월 1일 戊午 4번째기사 [이날 미시에 상의 병의 갑자기 위독해져 정릉동 행궁 정전에서 훙하니, 나이 57세였다. 세자가 즉위하여(是日未時, 上疾卒然危篤, 薨于貞陵洞行宮之正殿, 壽五十七。世子卽位)……] 및 광해군일기[중초본] 1권 광해 즉위년(1608) 2월 2일 기미 9번째기사 [대신과 정원·옥당이 다섯 번 이르러 속히 어좌에 나아갈 것을 청하니 재삼 사양한 뒤에야 허락하였다 (大臣,政院,玉堂 以下凡五達, 乃許。又請速出御, 再三讓, 然後 乃許)] 참조

7. 국왕이 머무르는 궁궐로서, 어진 등이 보관된 선원전 등 으뜸 되는 궁궐로서의 역할을 할 수 있게 주요 시설 등을 갖추고 있다.

8. 임진왜란으로 궁궐이 소실된 후 창덕궁 중건 공사는 선조 41년(1608) 정월 무렵 시작하여 1610년 9월에 마쳤다. 이 공사는 2차에 걸쳐 진행하였다. 1차 공사는 광해 즉위 해(1608) 10월에 중요 전각을 중심으로 지어 완료하였으며, 1610년 4월 11일에 선조 위패를 종묘에 부묘(祔廟)한 후 곧 재개한 2차 공사는 앞서 마무리하지 못했던 각사(各司)·마고(麻庫) 등을 짓고 단쌓기(築壇) 및 전깔기(鋪甎) 등 마무리 공사를 하여 1610년 9월에 이르러 마쳤다. 「조선왕실의 건축, 창덕궁 학술연구」, 국립고궁박물관, 2011.8,

p.12 및 광해군일기[중초본] 28권, 광해 2년(1610) 4월 11일 병술 1번째 기사 [庚戌四月十一日丙戌王親行祔廟祭, 奉宣宗大王.懿仁王后廟主, 庭行祔謁禮, 卽陞祔第九室, 行事如儀。兼行夏享大祭] 참조

9. 광해군일기[중초본] 46권 광해 3년(1611) 10월 4일 경오 2번째기사 [왕이 창덕궁에 이어하였다(王移御昌德宮)] 및 광해군일기[정초본] 46권 광해 3년 (1611) 10월 11일 丁丑 1번째기사 [정릉동 행궁 이름을 고쳤다. 경운궁(慶運宮)이라고 했다.(改貞陵洞行宮名爲慶運宮)] 참조

10. 광해군일기[중초본] 47권 광해 3년(1611) 11월 7일 임인 1번째기사 [지금 자전께서 경운궁으로 다시 돌아가고자 하신다는데, 나 혼자만 여기 남아 있으면 문안하는 등의 일에 불편한 점이 많을 뿐만 아니라 도리로 헤아려 보아도 매우 미안한 일이다(今者慈殿將還御慶運宮, 而予獨留此, 非但問安等事, 多有難便之節, 揆以事理, 極爲未安)], 경운궁으로 이어함은 마땅치 않다고 승정원에서 아뢰는 내용의 광해군일기[중초본] 47권 광해 3년(1611) 11월 9일 갑진 1번째기사 [請亟寢還移之命], 왕이 경운궁으로 돌아왔다는 내용의 광해군일기[중초본] 48권 광해 3년(1611) 12월 20일 을유 2번째기사 [王還移御慶運宮], 홍문관 부제학 남이공 등이 차자를 올려 법궁으로 속히 옮기기를 청하는 내용의 광해군일기[중초본] 63권 광해 5년(1613) 2월 18일 병오 4번째기사 [伏願聖明亟下移御之命] 등 여러 기록에서 알 수 있다.

11. 경운궁에 머무른 이유에 대하여는 광해군일기[중초본] 89권 광해 7년(1615) 4월 2일 무인 1번째기사에서 "앞서 왕이 경운 행궁에 길한 기가 있다는 것을 들었고 창덕궁은 일찍이 내변을 겪었으므로, 창덕궁이 비록 중건되었지만 거처하려 하지 않았다. 대신들이 여러 차례 청하였으나 윤허하지 않다가 이때 이르러 대내(大內)에 요사스런 변괴가 많았으므로 곧 택일하여 이어하였다.(先是, 王聞慶運行宮有吉氣, 昌德宮曾經內變, 雖重建

而不肯居, 臺臣屢請不允。及是大內多妖變, 卽擇日移御, 而其擇日行道"라
는 기록과 광해군일기[중초본] 21권 광해 1년(1609) 10월 15일 계해 1
번째기사에서 "……새로 지은 궁궐에 이어(移御)하실 날짜를 신민들이 간
절히 바라고 있습니다. 그러나 상께서 삼년상이 끝나지 않았는데 화려한
궁전에 이어하는 것이 미안하다고 하시어 신들에게 하문하셨으니, 신들은
성인이 상중에 슬퍼하는 지극한 뜻이 보통 사람보다 훨씬 뛰어난 것을 우
러러 보게 되었습니다.(新闕移御之期, 臣民之顒望極矣。自上以三年未畢,
而移御華殿爲未安, 俯問于臣等。臣等咸仰大聖人居喪哀素之至意, 出於尋常
萬萬也)"라는 기록을 통해 살펴볼 수 있다.

12. 광해군일기[중초본] 113권 광해 9년(1617) 3월 9일 갑술 3번째기사 [전
    교하였다 : 경운궁에 뒷날 이어할 일이 있을지도 모르니, 훼손되는 곳이
    있으면 즉시 수리하지 않을 수 없다. 훼손된 곳을 궁을 지키는 내관의 말을
    들어보고서 급급히 수리하라. 이상의 일을 해조에 말하라.(傳曰: 慶運宮如
    有後日移御之事, 不可不隨毀隨治。凡傾頹處, 守宮內官言聽, 急急修理事,
    言于該曹)]에서 알 수 있다.
    덧붙여 광해군일기[중초본] 47권 광해 3년(1611) 11월 21일 병진 3번째
    기사 [전교하였다. "경복궁을 다시 세우기 전에는 경운궁이 하나의 이궁이
    되어야 할 것이니, 각사를 설치했던 곳은 마땅히 구례에 따라 그대로 설치
    하여 대기하게 해야 할 것이다. 허물어 버리지 말고 다시 수리하게 할 일을
    각 해사에 말하라.(傳曰: "景福宮未重建前, 慶運[宮]當爲一離宮, 其各司所
    設處, 固當依舊例, 仍設以待。勿爲撤毀, 使之還爲修葺事, 言于各該司。")]
    를 통해서도 광해가 창덕궁에 머물며 경운궁으로 옮겨가기 전에도 경운궁
    을 중요한 이궁으로 삼고자 하였음을 알 수 있다.

13. 영창대군을 지지하던 소북파를 제거하기 위해 대북파(大北派)가 일으킨 옥
    사(獄事). 광해 4년(1612) 봉산 군수 신율(申慄)이 어보와 관인을 위조하
    여 군역을 피하려던 김경립(金景立)을 잡아 문초하여, 김직재와 김백함 부

105

자가 모반을 계획한다고 허위진술을 하게 하였고, 이로 인해 체포되어 고문에 못이긴 김직재가 왕의 형인 순화군의 양자 진릉군(晉陵君)을 왕으로 추대하여 난을 일으키고, 이이첨(李爾瞻)·이창준(李昌俊) 등 대북파를 제거하려 했다고 허위 자백한 사건. 이로 인해 김직재 등은 사형당하고, 진릉군과 100여 명의 소북파(小北派)가 처벌을 받게 되었다.

14. 문경새재(조령)에서 광해 4년(1612) 은상인(銀商人)이 습격 살해되고 은수백 냥이 약탈되어, 그 이듬해 1613년 주모자들을 검거한 사건. 대북파는 이들 주모자 중 한 명인 박응서가 영창대군을 옹립하기 위한 거사 자금을 조달하고자 범행하였다는 허위자백을 하게 하여 김제남 등 소북파들을 숙청하는 계축옥사를 일으켰다.

15. 광해군일기[중초본] 89권, 광해 7년(1615) 4월 8일 갑신 1번째기사 [……모후를 유폐하여 문을 폐쇄하고 겹겹이 자물쇠를 채워놓고 분병조와 분총부를 이미 두어서 숙직하여 지키는 것을 엄하게 했는데, 또 판서 이하로 하여금 직접 가서 검찰하게 하였다.(幽閉母后, 鎖門疊扃, 旣設分兵曹、分摠府, 嚴其直守, 而又使判書以下, 親往檢察。)] 참조

16. 광해군일기[중초본] 123권 광해 10년(1618) 1월 29일 기축 8번째기사 [성상의 비답에 '단지 서궁이라고 칭하라.'고 분부하신 점에 대해서는 신들이 갈수록 의아한 생각이 듭니다. 경운궁(慶運宮)은 바로 법궁(法宮)입니다. 일단 궁이라는 이름을 갖고 있는 이상 하루라도 아무 이름이 없는 사람을 이곳에 있게 해서는 안됩니다. 대비라는 이름이 이미 없어졌는데 어찌 그대로 법궁에 거처하게 할 수가 있겠습니까(而第聖批, 以只稱西宮爲敎, 臣等之惑滋甚焉。慶運乃法宮也。旣以宮爲號, 則不可一日而處無名之人也。大妃之名旣去, 則豈有因處法宮之理乎?)] 참조

17. 광해군일기[중초본] 57권 광해 4년(1612) 9월 12일 계묘 2번째기사 [유

구국 사람들은 경운궁이 시어소인 줄 모를 것인데, 뜨락이 비좁아서 다른 나라 사람이 보기에 대궐 뜰 같아 보이지 않을 듯하니 인정전 안 뜰에서 공궤하는 것이 편리할 듯합니다.(琉球之人, 不知慶運宮爲時御, 而庭除狹窄, 異國人所見, 不似闕庭, 仁政殿內庭供饋, 似爲便當,)", 광해군일기[중초본] 63권 광해 5년(1613) 2월 18일 병오 4번째기사 [지금 계신 곳은 다만 난리 후에 임시로 거처하신 곳입니다. 담장이 낮고 좁아 여염집들과 붙어 있어서 시끄럽게 다투는 소리가 들리고 연기와 먼지가 모여드니, 바라다 보기에 국왕 거처 같지가 않는가 하면 지키는 관문도 없습니다. 그리하여 궁위(宮衛)가 허술하고 상스러운 말이 막히지 않고 잡인들이 난입하니, 박한 풍속이 걱정됩니다.(今之時御所, 特亂後權御之所耳. 墻垣淺狹, 逼近閭閻, 喧鬨之所徹煙埃之所集, 望之不似宸居, 守之且無關閽, 以致宮闥不嚴, 俚語無阻, 雜人闌入, 薄俗可虞)], 광해군일기[중초본] 71권 광해 5년(1613) 10월 27일 신해 1번째기사 [경운궁은 민가 사이에 끼어서 좁고 누추하니, 진실로 오래 머물 곳이 아닙니다(慶運宮介在閭巷, 卑湫汚穢, 固非久御之所)], 광해군일기[중초본] 73권, 광해 5년(1613) 12월 20일 계묘 1번째기사 [이 경운궁은 지대가 낮아 습하고 좁으며 여염 속에 섞여 있어 이미 국왕이 계시기에는 합당하지 않으며(況此慶運之宮, 卑湫淺狹, 混處閭家, 已不合宸居)] 등 여러 기록을 통해 경운궁의 규모 및 주변 여건을 추론해 볼 수 있다.

18. 서인은 선조 8년(1575) 심의겸(명종비 인순왕후의 아우)을 지지하는 기성사류들이 만든 붕당이다. 인사권을 쥐고 있는 전랑직을 둘러싸고 김효원을 중심으로 한 신진사류(동인)와 대립하면서 만들어졌다.

19. 인조실록 1권 인조 1년(1623) 3월 13일 계묘 1번째기사 [상이 의병을 일으켜 왕대비를 받들어 복위시킨 다음 대비의 명으로 경운궁에서 즉위하였다. 광해군을 폐위시켜 강화로 내쫓고 이이첨 등을 처형한 다음 전국에 대사령을 내렸다.(上擧義兵, 奉王大妃復位, 以大妃命, 卽位于慶運宮, 廢光

海君, 放于江華, 誅李爾瞻等, 大赦國中)] 참조

20. 인조 이후에도 역대 국왕들은 경운궁 수리를 명하였고 이곳에 종종 들렀다. 이는 숙종이 경운궁 개수를 명하였던 기록과 더불어 고종이 경운궁 즉조당에 나아가 전배하고 선조의 경운궁 환궁 300년을 축하하는 하례를 받고 사면을 반포하는 자리에서, 즉조당 현판이 영조의 어필인지를 묻는 판부사 김홍집의 말에 그렇다고 하면서, 즉조당에 숙종(1661~1720. 재위기간 1674~1720)이 네 차례, 영조(1694~1776. 재위기간 1724~1776)가 여덟 차례 왔다고 밝힌 내용을 통해 잘 알 수 있다. 숙종실록 8권, 숙종5년(1679) 5월 22일 을묘 4번째 기사 [국왕이 호조에 명하여 획급미 50석과 면포 6동으로 경운궁 개수를 명했다(上命戶曹, 劃給米五十石,綿布六同, 修改慶運宮。)] 및 고종실록 30권, 고종 30년(1893) 10월 4일 임자 1번째기사 [" 判府事金弘集曰:"壁上奉揭卽阼堂懸板, 是英廟御筆乎?"敎曰:"然矣。肅廟朝嘗四臨此堂, 英廟朝凡八臨……"] 참조

21. 고종실록 30권 고종 30년(1893) 8월 2일 신해 1번째기사 [敎曰: "粤在宣廟癸巳十月初四日, 還御慶運宮, 回綴旒而奠磐泰, 緬憶當時國勢, 恒切愴幸于中……予小子感慕之忱, 繼述之義, 尤不能自已。伊日當詣慶運宮, 仍拜卽阼堂矣。諸般儀節, 令儀曹, 考例磨鍊] 참조

22. 고종실록 30권, 고종 30년(1893) 10월 4일 임자 1번째기사 [初四日。詣慶運宮,卽阼堂, 展拜。中宮殿同爲動駕, 王世子、世子嬪宮隨詣, 行禮。仍受賀, 中宮殿受賀, 頒赦。敎文若曰: ……自本月四日昧爽以前, 雜犯死罪以下, 咸宥除之。……英廟朝凡八臨, 而癸巳年則再臨矣。] 참조

23. 고종 19년(1882) 6월 9일 구식군대는 13개월간 급료가 밀린 상황에서 한달치 급료로 모래와 겨가 섞인 쌀을 받게 되면서 분노가 폭발하여 폭동으로 발전하였고, 이로 인해 고종 친정 이후 실각한 흥선 대원군이 다시 집권

하게 된 정변(政變)이다. 이를 기회로 청국은 임오군란 진압 후 조선을 속
방화하기로 결정하고 군대를 파견하였고, 같은 해 7월 13일 청국 군대는
대원군을 안심시킨 후 납치하여 텐진으로 이송함으로써 고종이 다시 집권
하게 되었다. 이 임오군란은 청국과 일본에 조선에서의 영향력을 확대시켜
주는 결과가 되었다.

24. 1884년 10월 17일 김옥균(金玉均)을 중심으로 한 개화당이 임오군란으로
비롯된 청국의 속방화 정책에 저항하여 조선의 자주독립과 자주 근대화를
추구하여 일으킨 무장정변이다. 고종 및 왕후의 거처로 수비에 유리한 경
우궁(조선 정조 후궁으로 순조 생모인 수빈 박씨의 사당)을 견지하지 못하
고 수비에 불리한 창덕궁으로 옮긴 결과 청국 군대의 공격을 막지 못하고,
3일 천하로 끝났다.

25. 친러 세력에 의하여 고종이 1896년 2월 11일부터 1897년 2월 20일까지
러시아공사관으로 거처를 옮긴 사건으로, '아관(俄館)'은 러시아 공사관을
말한다.

26. 조선왕조실록은 기본적으로 음력을 기준으로 날짜를 기록하고 있으나, 고
종실록 34권부터는 양력을 기준으로 날짜를 기록하고 있음을 볼 수 있다.
이는 고종 32년(1895) 9월 9일에 고종이 "정월 초하루를 고쳐 정하여 양
력을 쓰되 개국 404년(1895) 11월 17일을 505년(1896) 1월 1일로 삼
으라(初九日。詔曰:"三統의 互用흠이 時를 因흐야 宜를 制흠이니 正朔을
改흐야 太陽曆을 用흐딕 開國五百四年十一月十七日로써 五百五年一月一
日을 삼으라)고 명함으로써 이 해 음력 11월 17일은 고종 33년(1896) 양
력 1월 1일이 되어 왕조실록에 적용된 결과임을 알 수 있다.

27. 조선 제24대 왕 헌종의 계비(繼妃)인 효정왕후(孝定王后, 1831~1904).
헌종의 정비인 효현왕후(1828~1843) 승하 후 1844년 헌종의 계비가

109

되었다. 1849년 헌종 승하 후 철종이 즉위하자 19세 나이로 대비가 되었고, 1857년 순조의 비인 대왕대비 순원왕후 승하로 왕대비가 되었으며, 1890년 대왕대비인 신정왕후 승하로 왕실의 최고 어른이 되어 1894년 왕실 존칭의 새 규례에 따라 왕태후로 되었다. 딸이 있었으나 일찍 죽었다. 한국민족문화대백과사전 및 고종실록 32권, 고종 31년(1894) 12월 17일 기미 1번째기사 참조

28. 순명효황후 민씨(純明孝皇后 閔氏, 1872~1904)로, 1882년 세자빈으로 책봉되어 안국동 별궁에서 가례(嘉禮)를 행하였고, 1897년 황태자비로 책봉되었으나, 1904년 경운궁의 강태실(康泰室)에서 33세로 죽었다. 1907년 순종이 황제에 오른 후 황후로 추존되었다. 한국민족문화대백과 및 純明孝皇后陵誌 참조

29. 고종실록 34권 고종 33년(1896) 8월 10일 양력 1번째기사 [慶運宮卽列聖朝臨御之所也。年前雖已修理, 尙多未遑, 令宮內府度支部句管修理, 務從省約], 고종실록 34권 고종 33년 8월 23일 양력 1번째기사[殯殿移安于慶運宮之別殿矣……眞殿當移奉于慶運宮之別殿矣"], 고종실록 34권 고종 33년 8월 31일 양력 1번째기사 [命集玉齋所奉御眞, 移奉于慶運宮別堂'], 고종실록 34권 고종 33년 10월 31일 양력 3번째기사 [眞殿,殯殿, 今旣移奉矣, 移御于慶運宮, 寔朕與東宮情理之所當然。堂宇修繕之役], 고종실록 35권 고종 34년(1897) 2월 18일 양력 1번째기사 [詔曰: 再明日還御于慶運宮矣"], 고종실록35권 고종 34년 2월 20일 양력 1번째기사 [還御于慶運宮)] 등 참조

30. 圜丘壇의 圜은 "환" 또는 "원"으로 읽히는데, 2005년 9월 6일 문화재위원회(사적분과)에서 독음은 "독립신문(1897.10.14)" 표기에 따라 "환구단"으로, 명칭은 고종실록에 전하는 바와 같이 "圜丘壇"으로 함이 타당하다고 의결하였으며, 2007년 9월 21일 문화재위원회(사적분과)에서 환구단(圜

丘壇)으로 명칭 유지하는 것으로 결정하였으므로, 여기서는 환구단으로 정리하였다.

31. 고종실록 33권, 고종 32년(1895) 윤5월 20일 경신 3번째기사 [환구단을 건축하도록 명하다(命建築圜丘)] 및 고종실록 36권 고종 34년(1897) 10월 12일 양력 1번째기사 [황제의 자리에 오르고, 왕후 민씨를 황후로, 왕태자를 황태자로 책봉하고 산호만세 등을 창하다(十二日. 行告天地祭. 王太子陪參. 禮畢, 議政府議政沈舜澤, 率百官跪奏曰: "告祭禮成, 請卽皇帝位. 群臣扶擁, 至卽位壇, 金椅上坐. 舜澤進十二章袞冕, 加于聖躬, 仍奉進璽寶. 上撝謙再三. 黽勉卽皇帝位. 冊王后閔氏爲皇后, 冊王太子爲皇太子. 舜澤率百官鞠躬, 三舞蹈, 三叩頭, 山呼萬歲, 山呼萬歲, 再山呼萬萬歲.)] 참조

32. 청일 전쟁에서 승리한 일본이 러시아를 상대로 벌인 제국주의 전쟁. 1904년 2월 8일 발발하여 1905년 러시아의 패배로 끝났다. 러시아는 1903년 8월부터 일본과 여러 차례 공식 교섭을 하였다. 이때 일본의 경우 조선을 자국의 보호령으로 하는 대신, 만주에서 러시아의 우월권은 인정한다는 입장을 취한데 대하여 러시아의 경우 타협의 여지없이 조선 북부의 중립지대 설정 및 조선 영토의 전략적 사용 불가 입장을 분명히 하였다. 이에 따라 일본은 1904년 2월 임시각의를 통해 개전을 결정하여, 2월 8일 밤 여순을 기습하고, 9일에는 인천 앞바다에 있던 러시아군함 2척을 격침시키고 난 후, 10일에 러시아에 선전 포고를 하였다. 러시아는 1905년 1월 1일 여순 함락 및 3월 봉천에서의 패배에 이어 같은 해 5월 27일 발틱함대가 대마도해전에서 패배함으로써 그 입지가 위축되었고, 더욱이 이 무렵 러시아 국내에서 일어난 혁명으로 전쟁을 수행하기 어려워졌다. 일본도 많은 사상자와 더불어 군비를 부담하기 어렵게 되어 러시아를 상대로 같은 해 8월 9일부터 9월 5일까지 강화교섭을 진행하기에 이르렀다.

33. 순종은 광무 원년(1897) 10월 12일(음력 9월 17일)에 황태자로 책봉되

고, 광무 11년(1907) 7월 19일(음력 6월 10일)에 명을 받들어 청정(聽政)하였으며, 이어서 황제의 자리를 이어받았고, 같은 달 22일 (음력 6월 13일)에 황제로 높여 불렀으며, 8월 2일(음력 6월 24일)에 연호를 융희(隆熙)로 고친 후, 같은 달 27일(음력 7월 19일)에 경운궁의 돈덕전에서 즉위식을 거행하였으나, 이완용과 데라우치마사타케(寺內正毅) 사이에 체결된 한일병탄조약(1910.8.22)으로 인해 융희 4년(1910) 8월 29일(음력 7월 25일)에 황제의 자리에서 물러났다. 이에 대하여는 순종실록 1권 총서[光武元年十月十二日【丁酉九月十七日】, 冊封皇太子。十一年七月十九日【丁未六月十日己巳】, 承命代理, 仍受禪。同月二十二日【十三日壬申】, 進稱皇帝, 八月二日【六月二十四日癸未】, 改元隆熙。同月二十七日【七月十九日戊申】, 行卽位禮式于慶運宮之惇德殿, 隆熙四年八月二十九日【庚戌七月二十五日丙寅】, 退位…] 및 한국민족문화대백과사전 참조

34. 순종실록 1권, 순종 즉위년(1907) 8월 2일 양력 1번째기사 [궁내부 대신 이윤용이, '태황제궁의 호망단자를 덕수(德壽)로, 부의 호망단자를 승녕(承寧)으로 의정하였습니다.'라고 상주하니, 윤허하였다.(宮內府大臣李允用以 "太皇帝宮號望德壽'府號承寧', 議定上奏." 允之)]에서 1907년 8월 2일 (음력 6월 24일) 이래로 경운궁을 덕수궁으로 부르게 된 것을 알 수 있다.

35. 이윤용(1855~1938)은 조선 말기 및 대한제국기의 관료로 친일반민족 행위 가담으로 일제 강점기에 남작 칭호를 받기도 했다. 2007년 친일반민족행위진상규명위원회가 발표한 친일반민족행위 명단에 들어 있다. 한편 궁궐 이름과 관련하여 태종이 아들 세종에게 양위하면서 상왕으로서 거처할 신궁(新宮)을 지어 그 이름을 수강궁(壽康宮. 성종 대에 이르러 이 터에 새 별궁을 지어 창경궁이라 지칭함)이라 한 것에서 볼 수 있듯이, 덕수(德壽)란 이름이 조선의 옛 법식을 따른 것을 볼 수 있지만, 고종이 일본에 의해 강제로 황제에서 물러나게 되면서 붙여진 궁궐 이름임을 분명히 할 필요가 있다.

2장 각주

36. 토쿠가와이에야스(德川家康)의 집권으로 시작된 에도(江戶)를 본거지로 한 무인 정권 시대. 1603년에 토쿠가와이에야스가 세이이(征夷)大將軍에 임명된 이래 왕정복고 세력과의 전쟁에서 패하여 붕괴될 때까지 15대에 걸쳐 계속되었다. 김성도, 근대 일본 사회와 문화, 도서출판 고려, 2008, p.12 참조

37. 토쿠가와(德川)씨 가문이 집권했던 무인 정권인 에도바쿠후(江戶幕府) 정권으로, 이 글에서는 에도 정부로 서술한다.

38. 각 지방의 최고 책임자. 이들은 산킨코오타이(參勤交代) 제도에 따라 에도 시대에 대개 1년씩 교대로 에도에 머물렀고, 에도를 떠나 영지에서 머무르는 기간에는 그 처자가 인질로 에도에 머물렀다.

39. 에도 시대의 단카(檀家)는 단순한 불교 신도가 아니었다. 여행, 이주, 고용 등 일반적인 생활까지도 모두 통제 받았던 불교 신도로서, 소속 사찰을 바꾸는 것조차 불가능하였다.

40. 이 제도에 따라 한 집마다 사람별로 나이, 종파를 적어 일가의 주인이 날인하고, 쿠미가시라(組頭 : 에도 시대 마을의 최고 유력자인 나누시名主를 보좌하여 조세 등 마을 사무를 처리한 유력 농민)가 여기에 함께 서명하며 이를 사찰 주지가 증명한 후 마을별로 남녀의 통계, 생사 등을 기록한 슈우시닌베쯔아라타메쵸오(宗旨人別改帳)를 제출하여야 했다. 圭室諦成 監修, 日本佛敎史 Ⅲ 近世·近代篇, 法藏館, 1977, p.52 및 雲藤義道, 明治의 佛敎-近代佛敎史序說, 現代佛敎叢書, 1956, p.9 참조

41. 이 증명서는 단카가 속해 있는 사찰인 단나데라(檀那寺)에서 그 사찰의 불

교도임을 증명하는 것으로, 단순히 기독교도가 아니고 불교도라는 신앙만을 증명하는 것이 아니라 혼인, 여행, 이주나 기술자와 하인의 고용 등 호적상 변동에 모두 필요했다. 이 정책으로 불교계는 에도 정부의 호적 행정에 관여하며, 관료적 지위를 부여받아 세속적 권력을 공고히 했다. 이와 관련하여 雲藤義道, 앞의 책, p.9~10 참조

42. 이에 관련된 일련의 진행 과정을 정리하면, 1601~16년에 에도 정부는 혼마쯔(本末) 제도 편성을 위해 「寺院本山法度」를 발포하였고, 1631년에 「新地建立禁止令」을 내려 새로운 사찰 건립을 금지시킨 후, 1632~33년에 本末帳을 제출하도록 하여 불교계를 각 종파별로 본사와 말사의 관계로 계층화하는 제도를 강행하였다. 곧이어 1635년에는 지샤부교오(寺社奉行: 에도 정부 내 종교 담당 직책)를 중앙 정부(幕府)와 각 지방 정부(藩)에 두고, 그 하부 기관인 후레가시라(觸頭)를 설치하여, 불교계를 중앙 정부 통제 안에 두는 정책을 확립하였다. 뒤이어 1640년에 슈우몬아라타메야쿠(宗門改役)를 설치하여 기독교 금지 제도를 시행한 후, 1671년에 슈우몬아라타메쵸오(宗門改帳)를 제출하도록 명하여 단카 제도를 확립하였고, 이후 이를 강화하여 일가인 경우 하나의 종파, 하나의 사찰에 모두 속하도록 하고 소속한 사찰을 바꿀 수 없게 금지령을 내렸다.

43. 歷史學硏究會·日本史硏究會編者, 講座日本歷史 5 近世 I, 東京大學出版會, 1989, p.84 및 김성도·片桐正夫, 19세기 일본 불교 건축의 특성 연구 – 수도권 일원 사찰의 불전 건축 의장을 중심으로, 대한건축학회논문집(계획계), 22권 7호, 2006.7., p.165

44. 불교계를 활용한 통치 체계 확립 결과 불교계에서는 기독교 금제(禁制)란 명목으로 민중들의 생살여탈권(生殺與奪權)을 갖고서 소속 신도에게서 상납금 납부를 요구하였는데, 제대로 납부하지 않는 신도들에 대하여 테라우케(寺請) 증명 발급과 장례 의식 집행을 거부하는 등 폐해가 나타났으

며, 이는 민심 이반과 배불 사상이 양성되는 원인의 하나가 되었다. 中村元·笠原一男·金岡秀友, アジア佛敎史 日本編Ⅶ 江戶佛敎, 佼成出版社, 1972, p.37~38 참조

45. 이로 인해 하야시라잔(林羅山), 후지와라세이카(藤原惺窩), 아라이하쿠세키(新井白石), 야마자키안사이(山崎闇齋) 등 유학자들이 배불론(排佛論)을 전개하였다. 이에 대하여는 中村元·笠原一男·金岡秀友, 앞의 책, p.37~38 참조

46. W.G. Beasley, 장인성 譯, 일본 근현대사, 을유문화사, 1996, p.27~31 참조

47. 타카야나기미쯔토시(高柳光壽)·타케우찌리조오(竹內理三)는 日本史辭典(角川書店, 1982, p.805)에서 아오키코우지(青木虹二)의 연구 결과를 정리하여 농민 봉기에 대하여 밝히고 있다.

48. 특히 1833년부터 4년간에 걸친 기근은 매우 심각했다. 이것은 텐포오(天保 1830~42)기에 발생하였으므로 텐포오노키킨(天保飢饉)이라 한다. 1833년 냉해와 홍수 및 태풍이 잇따르면서 전국에 걸쳐 흉년이 들이 작황이 3分 내지 7分作에 그쳤으며, 1834년과 1835년에도 흉작이 계속되었고, 1836년에 이르러서는 전국 평균 작황이 4分에 그쳤다. 그 결과 쌀값을 위시하여 모든 물가가 올랐고, 농민들은 황폐한 농촌을 등지고 뿔뿔이 흩어졌으며, 각 지방에서는 민중 봉기와 민란이 거세게 일어났다. 그 후 1854년 11월 4일(양력 12월 23일) 토오카이도오(東海道)에서 사망자가 약 600명에 이르는 지진이, 그 이튿날 난카이도오(南海道)에서 사망자가 약 3,000명에 이르는 지진이, 그리고 1855년 10월 2일(양력 11월 14일) 에도 지역에서 사망자가 약 7,000명 이상에 이르는 대규모 지진이 발생하여 극심한 사회 혼란이 일어났다. 高柳光壽·竹內理三, 앞의 책,

p.41, 663 참조

49. 미국 정부는 일본에 대해 석탄 공급 기지로서의 역할 등에서 중요한 이해 관계를 갖고 있었다. 따라서 1846년에 에도(江戶)만에 들른 제임스 비들(James Biddle) 제독의 통상 요구가 거절당한 후, 이를 관철시키기 위해 1852년에 조약 협상을 지원할 해군 군사력 사용 권한을 부여받은 페리(Matthew C. Perry) 제독 함대를 일본에 파견할 것이라는 발표를 하고 실행에 옮겼다. 이에 따라 페리 제독이 함대를 이끌고 1853년 6월 3일(양력 7월 8일)과 1854년 1월 16일(양력 2월 13일) 두 차례에 걸쳐 입항하였고, 1854년 3월 3일(양력 3월 31일) 카나가와(神奈川)에서 조약을 체결(神奈川條約)한 후, 같은 해 5월 22일(양력 6월 17일) 시모다(下田)에서 카나가와조약을 보다 상세하게 규정한 화친조약 부록에 조인(下田條約)하였다. 이에 따라 두 나라의 화친, 미국 선박 기항지로서 이즈(伊豆)에 있는 시모다(下田)와 홋카이도(北海道)에 있는 하코다테(函館) 개방, 미국 선박에 필수품 판매, 두 항구에서의 영사 주재 권한 등이 정해졌다. W.G. Beasley, 앞의 책, p.44~48과 John W. Hall, Marius B. Jansen, Madoka Kanai, Denis Twitchett, The Cambridge History of Japan Vol.5 The Nineteenth Century, Cambridge University Press, 1989, p.268~270, 279~280 및 井上淸, 日本の歷史 中, 岩波新書, 1972, p.85 참조

50. 안세이고카코쿠(安政五か國)조약이라 한다. 에도 정부는 1858년(安政 5) 6월 19일(양력 7월 29일)에 나가사키에서 미국 영사 해리스(Townsend Harris)와 항구 5곳 개항, 일본 거류 미국인에 대해 미국법 적용, 에도에 미국 공사 주재, 통상에 정부 개입 배제, 그리고 저관세 적용 등을 골자로 하는 조약을 체결하였다. 뒤이어 이와 유사한 조약을 7월 10일(양력 8월 18일)에 네덜란드 대표(Jan Hendrik Donker Curtius)와, 7월 11일(양력 8월 19일)에 러시아 대표 푸차친(Putiatin)과 체결하였다. 7월

18일(8월 26일)에는 최혜국 조항을 추가한 유사 협정을 영국 대표 엘진(Elgin) 경과 체결하였으며, 8월 24일(양력 10월 9일)에는 프랑스 사절 그로(Jean Baptiste Louis Gros) 남작과 체결하였다. 이와 관련해서는 John W. Hall 외 3인, 앞의 책, p.283과 井上淸, 앞의 책, p.91 및 高柳光壽·竹內理三, 앞의 책, p.41 그리고 W.G. Beasley, 앞의 책, p.48~54 참조

51. 이 두 항구와 두 도시의 추가 개방 시기는 일본 내 심각해지는 사회 불안을 염려한 영국과의 재협상을 통해 1867년 12월 7일(양력 1868년 1월 1일)로 연기되었고, 이 사항은 협약을 맺은 다른 나라에서도 받아들였다.

52. 에도 말기에 사용된 은화로서, 1837년(天保 8)에 모습을 보인 天保一分銀, 1859년(安政 6)에 주조된 安政一分銀, 1868년(明治 1) 메이지 정부 때 주조된 貨幣一分銀 모두가 이에 해당되지만, 개항 당시 사용된 이찌부긴은 天保一分銀과 安政一分銀이 주로 쓰였음을 알 수 있다.

53. John W. Hall 외 3인, 앞의 책, p.285~286 및 井上淸, 앞의 책, p.90 참조

54. 영국과 프랑스 두 나라 모두 1863년부터 1875년까지 12년간 군대를 주둔시켰다. 영국은 오늘날의 미나토노미에루오카(港の見える丘)공원 일대를 거점으로 삼아 1864년에 육군 900명, 해병대 530명을 주둔시켰고, 1865년에는 에도 정부 자금으로 요코하마 주둔군 숙소(兵舍)와 탄약고, 군병원 등 4,600평에 이르는 군사 시설을 건립한 후, 여기에 육군 1,200명, 해병대 800명에 이르는 병력을 주둔시켰다. 영국군 주둔 지역은 당시 토완테(トワンテ)山으로 통칭되었는데, 이곳에 머물렀던 육군 20연대의 영어 명칭인 Twenty에서 비롯하고 있다. 이에 대해 프랑스군 주둔 지역은 후란스(フランス)山으로 명명되어 오늘날에도 그대로 불리고 있다. 井

上淸, 앞의 책, p.93 및 中武香奈美, 中區歷史の散步道 その二十九 山手
からの英佛駐屯軍撤退(http://www.city.yokohama.jp/me/naka/
sighthist/ sanpo/rekisi/rekisi-29.html) 참조

55. 그 구성 세력으로는 교토 조정의 3품 이상 고관인 코오케이(公卿), 각 지방의 최고 책임자인 다이묘오(大名)와 그 가신인 한시(藩士), 떠돌이 무사인 로오닌(浪人)을 포함한 하급 무사, 그리고 전통 신앙을 신봉하는 배타적 국수주의자인 코쿠가쿠샤(國學者) 등이 있었다. 이들 세력은 일본 내 사회 혼란의 책임을 외부 세력인 서구 열강과 에도 정부의 대외 정책 탓으로 돌리면서 폭력을 수단으로 하여 외국인과 외국인에 협력하는 일본인, 그리고 조약에 참여한 중앙정부의 고위 관료를 대상으로 습격하거나 암살하였다. 이에 대하여는 김성도, 앞의 책, p.44, 48 참조

56. 대개 쵸오슈우한(長州藩), 토사한(土佐藩), 쿠마모토한(熊本藩) 등에서 온 이들이 주축이 된 이 반정부 세력은 1866년 1월 21일에 쵸오슈우한(長州藩)과 사쯔마한(薩摩藩)의 반정부 세력 간 동맹 체결을 계기로 쵸오슈우한(長州藩)의 쵸오슈우한쇼타이(長州藩諸隊)와 같은 독자적 군사 조직을 갖춘 후, 1867년 12월 9일(양력 1868년 1월 3일) 교토 조정에서 쿠데타를 일으켜, 쇼오군(將軍) 제도 폐지와 왕정복고(王政復古)를 선언한 후 메이지(明治)왕 옹립 정부를 조직하였다.

57. 1860년 3월 3일(양력 3월 24일) 타이로오(大老 : 오늘날 총리에 해당)였던 이이나오스케(井伊直弼)를 암살하는 등 고위 관료와 외국인 및 외국인에 협력하는 일본인 등을 대상으로 행하였다. 여기에는 일왕도 예외가 아님을 엿볼 수 있는데, 반정부 세력을 탄압해 온 코오메이(孝明, 1831~66)왕이 독살 의혹 속에 36세에 갑자기 사망하였다. 이에 대한 자세한 사항은 김성도, 앞의 책, p.44~47 참조

58. 井上淸(앞의 책, p.111)은 반정부 세력이 코오메이왕을 독살한 의혹이 짙음을 밝히고 있다.

59. 왕족 임명. 1868년 윤4월 폐지

60. 공경(公卿)과 제후(諸侯) 임명. 1869년 폐지

61. 조신(朝臣), 藩士, 庶人 임명. 1869년 폐지

62. 1827~1877. 통칭 키찌노스케(吉之助)라고 하며, 호는 난슈우(南洲). 사쯔마한(薩摩藩)에서 하급 가신 자제로 태어나 1854년 이 지역 책임을 맡은 시마즈나리아키라(島津齊彬)에게 발탁되어 그의 측근으로 활약하였다. 14대 쇼오군(將軍) 후계 문제에서 시마즈나리아키라를 따라 토쿠가와요시노부(후에 15대 쇼오군이 됨)를 추대하였다가 오오시마(大島)에 유배되었고, 1862년 사면되어 존왕양이파로서 활동하던 중 시마즈히사미쯔(島津久光)에 의해 재차 유배되었다. 1864년 사쯔마한에 돌아온 후에는 킨몬노헨(禁門の變)과 제1차 쵸오슈우(長州) 정벌에서 에도 정부 편에 섰으나, 제2차 쵸오슈우(長州) 정벌 때부터는 반정부 세력의 지도자로서 사쯔마한(薩摩藩)과 쵸오슈우한(長州藩) 간의 동맹, 왕정복고, 그리고 보신(戊辰) 전쟁을 주도하였으며, 또 사쯔마한의 정치 개혁에도 참여하였다. 1871년 메이지 정부의 參議(太政官에 설치된 관직으로 左右大臣에 이어, 정삼품에 상당. 1885년 폐지)가 되어 廢藩置縣(1871년 메이지 정부가 전국의 봉토를 폐지하고 縣을 설치한 행정적 개혁)을 수행했으나, 1873년 정한론(征韓論)을 둘러싼 권력 투쟁에서 패하여 하야한 후, 카고시마(鹿兒島)의 사립학교를 중심으로 한 士族層의 추대를 받아 1877년 西南戰爭을 일으켰고, 이 전쟁에서 패하자 城山에서 자결하였다. 高柳光壽·竹內理三, 앞의 책, p.391

63. 15대 쇼오군(將軍). 재위 1866~1867. 토쿠가와나리아키(德川齊昭)의 7남. 1866년의 쵸오슈우한(長州藩) 정벌 전쟁에서 승리로 마무리 짓지 못한 채 철군을 지시하였고, 뒤이은 보신(戊辰) 전쟁의 서전인 토바·후시미(鳥羽·伏見) 전투에서도 패배하였던 토쿠가와요시노부는 프랑스의 군사적 지원과 자신을 따르는 다수 주전파의 의견을 물리치고 카쯔카이슈우(勝海舟)의 의견을 쫓아 시즈오카(靜岡)에서 80만코쿠(萬石)를 소유한 일개 다이묘오(大名)로 그 지위가 격하되는 대가로 안전을 보장받고서, 1868년 4월 에도성을 메이지 정부군에 양도하였다.

64. 에도 정부와 반정부 세력 간의 전쟁 과정에 대한 상세 내용은 김성도, 앞의 책, p.54~59 참조

65. 이외에도 1870년 11월 대규모 민중 봉기가 발생한 마쯔시로한(松代藩 : 시나노노쿠니信濃國 하니시나군埴科郡에 설치된 한藩)에서는 그 책임자(知事)가 민중의 요구를 받아들여 사건을 일단 해결하고 난 후, 메이지 신정부가 탄압에 착수하여 민중 지도자 3백 수십 명을 참수 등의 형에 처하는 한편으로, 이 지역 책임자 등도 신정부의 허가 없이 조세 경감을 한 것이 부당하다고 하여 처벌하는 등 신정부가 선동 정책을 통해 반대 세력들을 무력화시키는 많은 사례를 볼 수 있다. 이와 관련해서는 井上淸, 앞의 책, p.121~122 및 125~126 참조

66. 에노모토타케아키(榎本武揚)가 인솔하는 에도 정부의 해군 주력 부대와 육군 부대 일부 및 프랑스 군사 교관단이 그 핵심을 이루었다.

67. 井上淸, 앞의 책, p.115, 高柳光壽·竹內理三,「日本史辭典」, 角川書店, 1982, p.873, 김성도, 앞의 책, p.59~62 참조

68. 이하 메이지 정부로 서술하도록 한다.

69. 신도(神道)에서 신령을 봉안하기 위한 상설 시설. 神社에서 주요 요소는 神體로서의 나무·돌·산 등의 자연물, 그 외 거울 등 神의 대체물, 그리고 담 또는 注連繩(경계를 나타내고 출입 금지 표시를 위해 늘어뜨린 줄)으로 둘러싼 지역이다. 그 유래에 따라 씨족 선조를 봉안한 氏神 계통, 거주지를 수호하는 神 계통, 특정 지역을 수호하는 鎭守神 계통, 원령을 위무하는 것 그리고 위인을 찬양하는 것 등으로 나뉜다. 建築大辭典, 彰國社, 1988, p.747

70. 神祇官은 옛날 大寶令(타이호오료오. 701년에 제정한 律 6권 令 11권의 大寶律令 가운데 令의 부분)에 의해 규정되었던 것으로, 국가의 제사와 神社 행정을 담당하는 관청이며, 太政官에 소속되지 않고 宮城 안에 설치되어 있었으나, 應仁의 亂(오오닌노란. 1467~1477) 후, 폐하여 없어진 상태였다(櫻井匡, 明治宗敎史硏究, 春秋社, 1971, p.14). 이를 1868년 3월 13일(양력 4월 5일)에 다시 설치하였다.

71. 神祇官 再興은 일본 古來의 신도(神道)를 선포하고, 이를 국교로 하기 위해서였다(櫻井匡, 앞의 책, p.13~15). 이 의도에 따라 이미 1868년 정월 17일에 七分科의 制를 두면서 祭祀 諸社 宣敎 祝部 神部 등을 담당하는 행정기관으로서 神祇科를 두었고, 이해 2월 3일에 직제 개정을 통해 7科를 7局으로 하면서 神祇科를 神祇事務局으로 개정하였다. 이후 1869년 3월 10일(양력 4월 21일), 太政官에 敎導取調局을 설치하여 지방 행정을 참가시켜 신도 국교화를 추진하였다.

72. 神祇事務局에서는 1868년 3월 17일 전국의 제 진쟈에 승려의 소속을 금하는 명령을 내리고, 진쟈에 속한 이들 승려에게 모두 환속할 것과 승려로서의 위계 및 관직을 반납하고 정부의 통지를 기다리도록 하였다. 이어 28일에는 神佛判然令을 포고하여, 權現, 明神, 菩薩 등 佛號에 관련시킨 神號를 폐지하도록 명하였으며, 또 兩部神社에 대해 本地-化身하여 나타난

부처의 본체-인 불상을 제거하고, 일체의 불구(佛具)를 진쟈에 두는 것을 금했다. 다음 달 4월 24일에는 太政官 지시로 本地垂迹說에 의한 菩薩號 폐지를 결정하였고, 이와시미즈(石淸水), 우사(宇佐), 하코자키(筥崎) 등의 諸 진쟈에서 八幡大菩薩이란 칭호를 폐지하였다. 이후 1871년 5월에는 교토의 왕궁 안에 있던 불상과 불구를 모두 다른 곳에 옮겼고, 궁중 장례도 불교식에서 신기(神祇) 제사 형식으로 바꾸었다. 이와 관련해서는 운도오기도오(雲藤義道), 앞의 책, p.22~24 및 사쿠라이마사시(櫻井匡), 앞의 책, p.22~26 참조

73. 排佛毁釋으로도 표기하며, 메이지 초기 신도 국교화 정책에 의거하여 정부 주도 아래 전국에서 시행한 불교 말살 정책을 말한다.

74. 일본 불교계는 이런 상황을 맞아 1868년 12월 8일(양력 1869년 1월 25일) 종파간 연합 모임(諸宗同德會盟)을 결성한 후, 다음 해 1869년 3월 20일(양력 5월 6일) "나라를 위하여 신명을 아끼지 않는다"라고 맹세하고, "사교 방어를 위해 일동 죽음을 기약하고 진력하고 싶다"는 취지를 연서(連署)하여 올렸다. 도쿄에서는 1869년 4월 25일(양력 6월 9일) 시바(芝)에 있는 사찰인 조오죠오지(增上寺)에서 불교계 중진 30여명이 만나 諸宗同德會盟을 결성하고, "예수교에 대결할 필요가 생길 것이므로, 그 준비를 할 것" 등을 포함한 會盟 규칙 13조를 정하였다. 또한 그 아래로 왕법(王法)과 불법(佛法)은 떼어놓을 수 없는 것, 사교를 연구하고 배척하여야 할 것 등 8개조의 항목을 두어 기독교에 대한 대응 의지와 정부에 대한 충성의 의지를 밝히고 있다. 雲藤義道, 앞의 책, p.41~43

75. 1841~1876. 쵸오슈우한의 가신(藩士). 1868년 당시 사도(佐渡)에서 한지(判事 : 議政, 行政을 제외한 6官 및 府縣의 知事 아래 둔 관직. 1869년 7월에 폐지됨)라는 관직을 맡아 폐불 정책에 앞장섰다.

76. 雲藤義道, 앞의 책, p.32~35

77. 에도 말부터 히라타아쯔타네(平田篤胤)의 학설이 널리 쓰이고, 또 미토(水戶)학의 영향도 있던 지역이어서 이미 1865년에 구체적인 폐불(廢佛)안이 작성되어 있었다. 이는 寺院僧侶不要論이라 하며, 그 내용으로 천하의 한지(閑地)인 사원을 폐하고, 천하의 유민(遊民)인 승려를 환속시키도록 하며, 젊은이는 병역(兵役)에, 늙은이는 교원(敎員)에, 범종과 불구는 병기로 각각 활용하여야 한다고 주장하였다. 이와 동시에 사쯔마한 책임자는 폐사(廢寺) 조사 담당을 임명하여 준비를 철저히 진행하고 있었음을 운도오기도오(雲藤義道)는 그의 글(앞의 책, p.32)에서 밝히고 있다.

78. 雲藤義道, 앞의 책, p.32

79. 廢佛毀釋은 메이지 정부에 적극 가담하거나 동조하는 세력이 주도적인 지역에서 더욱 극단적으로 시행되었다고 하겠다. 지배 계급에서 시행한 이같은 국가 정책 차원의 廢佛毀釋과는 별도로, 불교에 앙심을 품은 진쟈의 신관이 개인적 차원에서 지지 세력을 규합하여 무력으로 이를 행하는 경우도 나타났는데, 사카모토(坂本)의 히에산노오진쟈(日吉山王神社)와 시나노(信濃)의 스와진쟈(諏訪神社)에서 이러한 예를 볼 수 있다. 이와 관련해서는 앞의 책, p.26~27 참조.
한편 당시에는 메이지 정부에 대해 중립적인 입장을 취하거나 동조하지 않는 지역(藩)도 있었다. 1870년부터 71년에 걸친 분고(豊後)·히타(日田) 지역의 농민 봉기에 대응해 시코쿠(四國)와 큐우슈우(九州)의 42한(藩)에 메이지 정부가 군사 동원령을 내렸으나 이들이 따르지 않은 것에서 이러한 상황을 살펴볼 수 있는 바(井上淸, 앞의 책, p.126), 지역에 따라 廢佛毀釋의 정도에도 차가 나타나는 것을 알 수 있다.

80. 당시 불교 말살 활동과 관련하여 일본 불교쪽 학자는 메이지 시대에 당한

廢佛毁釋에 대하여 그 당한 것을 기록하면서 울분을 억누르는 가운데 에도 시대 이래로 불교가 타락한 탓으로 논술하고 있는 시각에 멈춰 있으며, 일본 신도쪽 학자는 神佛分離를 하면서 그것이 좀 지나치게 확대되어 廢佛毁釋에 이르게 된 점이 있어 아쉽게 생각한다는 정도로 밝히고 있을 뿐이다. 이 배경에는 1892년 帝國大學의 쿠메쿠니타케(久米邦武; 1839~1931) 교수가 "신도(神道)는 제천(祭天)의 옛 습속(神道ハ祭天ノ古俗)" 논문을 쓴 후 신도 측 공격을 받아 해임된 이래로 많은 사례에서 볼 수 있듯이 메이지 정부가 들어선 이래로 1945년까지 교수직은 신분 보장을 받지 못했고 대학 자치와 학문 자유가 없었던 것에 기인한다고 하겠다.

81. 1870년 1월 3일(양력 2월 2일) 메이지 정부는 타이쿄오센푸(大敎宣布) 조칙을 발포하여, 국민 사상이 나아갈 길을 명시하였는데, 이는 다음 조칙 내용에서 볼 수 있듯이 일본 고래(古來)의 신도였다. "적절히 治敎를 명확히 하여 일본 고래의 神道를 포교할 것. 따라서 새롭게 宣敎使를 임명하고, 또 천하에 포교하도록 하며, 그대들 君臣衆庶, 이 취지를 명심하여 지키라". 이에 신도는 완전히 국교(國敎) 취급을 받게 되었고, 정부는 宣敎使를 전국에 파견하여 大敎宣布를 철저히 진력하는 동시에 각 지방 정부(藩)에 통지서를 보내, 知事(옛 藩主)와 參事(옛 家老)로 하여금 선교직도 담당하도록 하였다. 雲藤義道, 앞의 책, p.44~45

82. 에도 정부와의 전쟁에서 승리를 목전에 둔 메이지 정부는 고카죠오노세이몬(五カ條誓文)을 1868년 3월 14일(양력 4월 6일) 공포하면서 동시에 기독교 금지 명령을 내렸다. 太政官 명의로 각지에 내건 방문(榜文)의 내용은 다음과 같다. "기독교(切支丹宗)의 법도는 이제까지 억눌러 금한 그대로 엄하게 지켜야 할 것. 사교(邪宗門)의 법도(儀)는 엄하게 금지할 것". 鶴見俊輔 외 5인, 日本の百年 10 御一新の嵐, 筑摩書房, 1964, p.206

83. 이와 관련하여 자세한 내용은 鶴見俊輔 외 5인, 앞의 책, p.205~208 참조

84. 이와 관련해서는 戶頃重基, 近代日本の宗敎とナショナリズム, 富山房, 昭和41年, p.7~8 참조. 토코로시게모토(戶頃重基)는 그의 글에서 "진쟈(神社)는 종교가 아니다"라고 하는 구실을 만들어, 국가적 보호를 진쟈에 부여한 메이지(明治) 정부 관료의 교묘한 연출의 배후에는 정부가 당시 오스트리아에서 초빙한 스타인이라고 하는 법률학자의 훈수가 작용하고 있었다"라고 밝히면서 메이지 정부가 신도 국교화를 진행하였던 방법에 대하여 자세히 설명하고 있다.

85. 일본 불교는 1945년 이전까지 13종 56파로 구성되어 있었다. 종(宗)의 경우 보다 큰 포괄적인 교단에 사용하며, 파(派)의 경우 그 속에 포함되는 보다 작은 분파에 사용되는 경우가 많지만, 소오토오슈우(曹洞宗)와 오오바쿠슈우(黃檗宗)처럼 그 밑에 파가 없는 것도 적지 않다. 井筒雅風 외 18人, 大法輪選書 : 日本佛敎宗派のすべて, 大法輪閣, 1981, p.2~4

86. 1873년 3월과 4월(양력 기준)에 메이지 정부는 기독교인들이 깊이 후회하고 있어 방면한다는 이유를 내세워 석방하였다. 하지만 중노동과 고문을 통해 개종을 강요한 후유증으로 인해 풀려난 자 3,404명 중 660명이 5년 내 사망하였던 것에서 혹독했던 종교 탄압의 일면을 엿볼 수 있다.

87. 戶頃重基, 앞의 책, p.10. 기독교는 1883년부터 일시적으로 상황이 호전되었으나, 제국헌법(帝國憲法) 공포(1889.2.11) 이후 교회에 모이는 사람들 수가 점차 감소하고 전도가 곤란하게 되기 시작하여 신도 수는 1890년의 34,000명으로부터 다음 해 갑자기 31,631명으로 감소하고, 이후 10년간 3만 명 정도에 머무르며, 1900년에도 36,207명을 헤아리는데 불과하였다.

88. 정부의 공식적 인정을 받고자 하는 일본 불교계와 기독교 유입을 막는데 이를 이용하고자 하는 일본 정부의 이해가 맞아, 1872년 3월 14일(양력 기

준) 敎部省이 신설되어, 불교계를 관장하게 되었다.

89. 에도 시대에 확립된 단카(檀家) 제도는 메이지 시대에 들어와 폐지되었지만, 이 제도로 인해 檀家의 가족묘 전체가 특정 사찰에 이미 구성되었고, 그 결과 일본 사찰에서는 오늘날에 이르기까지 이들 檀家의 묘 관리와 장례식 및 이들 선조의 영(靈)을 공양하는 의식을 맡아오면서 기본적인 경제력을 그나마 유지하게 된 것을 볼 수 있다.

90. 일본 불교계는 정부 시책에 따라 조선 침탈에 본격 착수하는데, 메이지 정부의 외무경(外務卿. 외무성 장관) 테라지마무네노리(寺島宗則)와 내무경(內務卿. 내무성 장관) 오오쿠보토시미찌(大久保利通)가 혼간지(本願寺)의 관장 곤뇨(嚴如)에게 한국에 진출하도록 요구함에 따라 이시카와슌타카(石川舜台)가 국장으로 있던 해외포교국에서 오쿠무라죠오신(奧村淨信. 1586년 부산에 건너와 高德寺를 지어 포교한 일본 승려)의 후손인 오쿠무라엔신(奧村圓心)을 보냄으로써 일본 불교의 조선 침탈이 1877년 시작되었다. 이에 따라 많은 일본 사찰이 포교를 구실로 삼아 우리나라에 들어왔는데, 당시 佛敎大學長 소노다슈우에(薗田宗惠: 1862~1922)가 朝鮮宗敎史(靑柳南冥, 駿駿堂, 1911, 序 참조)의 서문에 남긴 글을 통해 침탈의 목적을 잘 살펴볼 수 있다. 『......바야흐로 우리나라가 朝鮮半嶋를 병합하여 갑자기 그 面目을 일신하였으나 이를 동화하여 완전하게 大和民族으로 혼화시키는 것은 여전히 많은 시일을 요구하는 것인 동시에 그 완성까지 실로 일대 난제이므로, 이 민족 융합을 마침내 이루는 媒介로서의 임무에 응당 해당되는 것이 佛敎를 내세워 이루는 것이다. 그렇다면 佛敎人은 自己의 宗敎를 전도하는 職任보다도 또는 국가의 앞날을 걱정하는 愛國心보다 하루라도 속히 朝鮮民族을 佛敎化시키지 않으면 안되며, 따라서 朝鮮宗敎의 변천 사정을 자세히 알아야 함은 물론이고 더구나 우리 일본의 불교는 조선을 사이에 세우고 수입하게 된 것이라면 적어도 일본 불교의 淵源을 알고자 하면 자연히 조선 불교를 철저히 연구하게 하여야 함을 깨달

으며, …중략…」

91. 3권으로 구성된 신화적 내용의 일본 역사서. 텐무(天武 673~686 재위)왕의 명으로 히에다노아레(稗田阿禮)가 반복하여 외운 帝紀 및 선대의 舊辭를 오오노야스마로(太安万侶)가 겐메이(元明 707~715 재위)왕의 명을 받아 찬록(撰錄)하여 712년 헌상. 상권은 천지개벽부터 우가야후키아에즈노미코토(鵜葺草葺不合命)까지, 중권은 진무(神武)왕부터 오오진(應神)왕까지, 하권은 닌토쿠(仁德)왕부터 스이코(推古 592~628 재위)왕까지의 기사 및 신화·전설과 다수의 가요를 포함하여 수록하였다.

92. 에도 말기 왕정복고주의자. 스기쯔네미찌(杉常道)의 2남. 일반적으로 토라지로오(寅次郎)라고 한다. 쵸오슈우한(長州藩) 출신으로 1856년 자택 내에 사립 교육 시설인 쇼오카손쥬쿠(松下村塾)를 열어, 타카스기신사쿠(高杉晋作), 쿠사카겐즈이(久坂玄瑞, 1840~1864, 킨몬노헨 禁門の變을 지도하다가 부상당한 후 자살), 이토오히로부미(伊藤博文, 1841~1909) 등 존왕양이파 지도자를 다수 교육하였다. 1858년(安政5) 에도 정부가 구미 5개국과 맺은 통상조약인 안세이고카코쿠(安政五か國)조약 조인에 반대하고 양이를 주창하였으며, 로오쥬우(老中)였던 마나베아키카쯔(間部詮勝) 암살을 계획하였다. 존왕양이 세력에 대하여 이루어진 대규모 탄압인 안세이노타이고쿠(安政の大獄, 1858)에 연루되어 처형되었다. 高柳光壽·竹內理三, 앞의 책, p.980~981

93. 櫻井匡, 앞의 책, p.3~4, 雲藤義道, 앞의 책, p.16, 井上淸, 앞의 책, p.95, 高柳光壽·竹內理三, 앞의 책, p.351 참조

94. 井上淸, 앞의 책, p.150 참조. 요시다쇼오인(吉田松陰)은 투옥 중 「同志일치의 의견」으로서 兄에게 보낸 「獄是帳」에 이르기를, 「러시아와 미국과의 강화 확실히 그렇게 정해져 있는 것, 나부터 이를 깨뜨려 믿음을 이적(夷

狄)에게 잃어서는 안 된다. 오직 규정을 엄히 하고 신의를 두터이 하여, 그 기간을 이용해 국력을 배양하고, 취하기 쉬운 쪽인 조선·만주를 쳐서 복종시키며, 교역으로 러시아와 미국에 잃는 부분은 또 토지로서 조선과 만주에서 보상해야 할 것"이라고 밝히고 있다.

95. 이노우에키요시(井上清 1913-2001)는 그의 책(日本の歷史, p.150)에서 키도타카요시(木戶孝允) 등이 스승 요시다쇼오인의 가르침에 매우 충실하였던 것에 공감하면서 국가의 기본 방침이 이대로 이기에 필연적으로 군수뇌부가 국정에서 중대한 세력을 점차 형성하게 되었음을 밝히고 있다.

96. 井上清, 앞의 책, p.146~148 참조

97. 갑신정변(1884) 후 청국과 일본이 맺은 조약으로, 조선에서 "청·일 양국 군대는 동시 철수하고, 동시에 파병한다."는 내용을 담았다.

98. 고종실록 1권, 고종 즉위년(1863) 12월 13일 을유 2번째기사 [癸亥【哲宗十四年】十二月八日庚辰, 哲宗昇遐, 以神貞翼皇后命, 嗣文祖翼皇帝, 入承哲宗章皇帝大統……], 고종실록 1권, 고종 즉위년(1863) 12월 8일 경진 2번째기사 [大王大妃曰: "以興宣君嫡己第二子命福, 入承翼宗大王大統【下有三十日簾敎, 參照】, 爲定矣."], 고종실록 1권, 고종 즉위년(1863) 12월 8일 경진 2번째기사 [領府事鄭元容曰: "國勢孤危, 群情汹渙之際, 幸賴慈聖殿下簾帷定策之命, 奉迎太平, 瞻天日之表, 群情莫不懽忭矣." 大王大妃曰: "如此罔極之中, 大策已定, 且翼成君沖齡凡節, 夙就英明, 誠爲宗社萬幸矣." 判府事金興根曰: "承慈聖之明敎, 定宗社之大策, 誠爲萬萬慶祝矣."] 참조

99. 1808~1890. 조선 제23대 순조의 장남 효명세자(후에 익종으로 추존)의 빈(嬪. 익종 추숭 때 왕대비가 됨)이자 제24대 헌종의 어머니인 신정

왕후. 본관은 풍양이며, 순조 30년(1830) 대리청정을 하던 남편(효명세자)의 사망 후 세손(世孫)으로 책봉된 아들 헌종이 1834년 즉위하여 아버지 효명세자를 익종(翼宗)으로 추숭함에 따라, 그의 어머니 신정왕후는 왕대비(王大妃)가 되었다. 1849년 아들 헌종이 사망하고, 철종이 왕위를 계승한 후 철종 8년(1857) 순조비 순원왕후(純元王后)가 별세하자 대왕대비(大王大妃)가 되었다. 1863년 철종 승하 후 왕위 계승자를 고종으로 정하고, 수렴청정을 하다가 고종 3년(1866) 수렴청정에서 물러났다. 고종 27년(1890) 4월에 83세의 나이로 경복궁 흥복전에서 승하하였다.

100. 고종실록 1권, 고종 즉위년(1863) 12월 8일 경진 5번째기사에서 대신들이 왕통을 정한 것을 축하드리고 영의정 김좌근이 수렴청정의 안을 아뢰자, 그 절차를 기유년(1849)의 전례대로 거행하라고 명한 것(……"左根曰: "主上沖齡嗣位, 則曾有垂簾同聽政之典禮。今亦依例磨鍊何如?" 大王大妃曰: "豈忍爲此, 而今日國勢孤危, 若不保朝夕。不遑他顧, 第當勉從矣。" 仍命垂簾節次, 依己酉年例擧行。)을 볼 수 있다.

101. 정조의 유명(遺命)에 따라 김조순(金祖淳 1765~1832)은 나이 11세에 즉위한 순조(純祖. 재위 1800~1834)를 보좌하게 되면서 1802년에 그의 딸을 왕비로 만들었고, 왕비의 부친으로서 사실상 정권을 장악하여 노론인 안동 김씨의 세도 정권을 확립하였다. 1827년에 순조의 신병 요양으로 왕세자가 정치를 대리하게 되면서 세자의 처족인 풍양 조씨 세력이 대두하게 된 것을 계기로 헌종(憲宗. 재위 1834~1849) 연간에는 조씨 일문이 정권을 장악하였다. 1849년에 후사(後嗣) 없이 별세한 헌종을 이어 영조의 아우 은언군의 손자가 왕위를 계승하였는데, 이 때 철종(哲宗) 나이 19세였으므로 순조의 비 김씨(순원 왕후. 1789~1857)가 정치를 후견하면서 가까운 일가의 딸을 왕비로 맞아들이게 하니, 왕비의 부친 김문근(金汶根)이 철종을 보필한 이후 다시 안동 김씨가 정권을 장악하였다.

102. 조선 시대 전기의 벼농사는 논밭을 막론하고 볍씨를 뿌린 땅에서 그대로 수확하는 직파법이 대부분이었고, 못자리에서 모를 길러 논으로 옮겨 심는 모내기법은 삼남 지방 일부에만 보급되었을 뿐이었다. 그러나 후기에 보급된 이앙법으로 하는 경우 노동력 절감에 따른 호당 경작 면적의 확충을 통해 직파법으로 10마지기도 못 짓던 농가에서 이앙법으로 20마지기 내지 40마지기까지도 지을 수 있게 되어 농가 소득이 높아졌다. 이러한 이앙법의 발달은 광작과 이모작을 가능하게 하여 농가 경제에 큰 변화가 왔다. 이와 함께 종래 밭이랑의 두둑에 씨를 뿌리던 농종법이 고랑에 씨를 뿌리는 견종법으로 바뀌면서 보리농사에서도 노동력 절감은 물론이고 소출이 증대되었다. 강만길, 고쳐쓴 한국근대사, 창작과비평사, 1998, p.76~78 참조

103. 李朝佛敎의 저자 다카하시토오루(高橋亨)는 사찰에서 옛 제도를 기억하는 노승을 면담하여 별방제가 발전했던 시기를 밝히면서, 동시에 이를 가능하게 하였던 배경인 사유재산제의 성립 시기에 대하여 밝히고 있는데, 일제 강점기를 기준으로 해서 길게 잡아도 100년 전까지 거슬러 올라가지 않는다고 하여 19세기 전반 무렵임을 알 수 있다.

104. 고종 연간에 이르면 주심포 양식은 더 이상 사용되지 않고 익공 양식으로 대체되면서, 이 시기의 공포가 구성된 건축물은 주두(혹은 좌두)·첨차·소로 부재로 기둥 위뿐만 아니라 기둥 사이에도 공포를 구성하는 다포 양식으로 이루어지거나 주두와 익공 부재를 사용하여 기둥 위에만 공포를 구성하는 익공 양식으로 이루어지는 것을 볼 수 있다. 이때 다포 양식인 경우 공포와 공포 사이의 공간을 포벽이라 한다. 또 익공 양식인 경우 익공과 익공 사이에 화반이 구성되는데, 화반과 화반 사이의 공간을 화반벽이라 한다. 이들 포벽과 화반벽은 전통적으로 설외 및 눌외 등 뼈대를 구성하여 힘줄 역할을 하도록 한 후 흙으로 맞벽치기 하여 흙벽으로 만들어 왔으나, 정조 연간에 수원 화성을 만들 때 긴 판재를 놓고 여기에 화반

을 위에서 아래로 걸쳐 끼우거나 판재와 판재 사이에 화반을 끼우는 형태로 화반벽을 만들어 건축 공사 기간을 단축하도록 한 이래, 고종 연간에는 화반벽은 물론이고 포벽과 벽체 등에도 판재를 사용하는 것이 일반화된 것을 볼 수 있다. 이에 대하여는 김성도, 근대기 한일 불교 건축, 도서출판고려, 2010, p.76~79, p.93, p.144~150 및 김성도, 건축 문화재 이야기, 도서출판고려, 2014, p86~88 참조

105. 경상도 지방인 울산(蔚山)의 호적 대장 분석 결과를 통해서 이를 엿볼 수 있는데, 고종 4년(1867)의 신분별 호수(戶數) 비율을 보면 양반호(兩班戶)가 65.48%이며 상민호(常民戶)가 33.96%, 그리고 노비호(奴婢戶)가 0.56%인 것을 볼 수 있다. 이 신분 구조는 그보다 139년 전인 영조 5년(1729)만 하여도 양반호가 26.29%이고 상민호가 59.78%, 그리고 노비호가 13.93%이었다. (강만길, 앞의 책, p.128 ; 정석종, 조선후기 사회신분의 붕괴 - 19세기의 한국사회, 성대 대동문화연구원, 1972)
또한 당시 신분 질서 의식이 뿌리 깊은 곳이었던 영남 지역 가운데 대구 지방을 대상으로 그 호적 대장을 분석한 결과를 보면, 1690년에는 양반호 9.2%, 상민호 53.7%, 노비호가 37.1%였으나, 1729년과 1732년을 하나로 묶어 살펴 본 이 시기에는 양반호 18.7%, 상민호 54.6%, 노비호가 26.6%였으며, 1783년과 1786년, 1789년을 하나로 묶었을 때의 이 시기에는 양반호 37.5%, 상민호 57.5%, 노비호가 5.0%였고, 1858년에는 양반호 70.3%, 상민호 28.2%, 노비호가 1.5%로 나타났다. 이러한 양반호의 급증과 노비호의 급격한 감소 등을 통해 조선 후기 이래의 전통적인 신분 질서가 급격히 변화하는 한 단면을 살필 수 있다. (강만길, 앞의책, p.128 ; 四方博,「李朝人口に關する身分階級別的觀察」,『朝鮮經濟の硏究』, 京城帝國大學法文學會, 1938)

106. 한우근, 앞의 책, p.389 참조. 한편 몰락 양반에 대하여 강만길(앞의 책, p.130~131 참조)은 크게 3부류로 구분하고 있다. 첫째 유형은 자

영농으로, 심하게는 전호(佃戶)로까지 떨어져서 완전한 농민이 되거나 혹은 상공업으로 전업하여 생계를 유지한 계층이다. 둘째 유형은 실학자의 경우로서 중앙 권력층에서는 제외되었으나 아직 농민이나 상인·수공업자로까지 전락하지 않았고 그렇다고 해서 토반에 끼여 향촌 사회의 지배권을 가질 만한 처지에는 있지 못한 계층이다. 셋째 유형은 19세기 이후 빈번히 일어난 민란의 지도층에서 볼 수 있는 경우를 들고 있다. 특히 첫째 유형의 경우와 관련하여 양반의 후예로서 술장사, 돗자리 장사, 망건 장사를 하거나 장인이 되는 경우도 있음을 그는 밝히고 있다.

107. 김영배, 韓末 漢城府 住居形態의 社會的 性格 – 戶籍資料의 分析을 中心으로 –, 대한건축학회논문집 7권, 2호, 1991.4, p.191 참조.
이러한 신분 계층의 와해는 임진왜란과 병자호란 등의 대규모 전쟁에서 시작되어 1800년 순조 즉위 후 세도 정치 아래에서 급진전되었다고 하겠다. 전쟁 당시 전화(戰禍)로 인한 노비 문서 소실과 피역 및 도망 등으로 신분 해방을 이루는 길이 확대되었고, 천역층도 정부군 확보를 위해 군역에 충당되면서 그 사기 진작을 위해 전공(戰功)에 따른 행상(行賞) 강화에 따라 양반 신분을 얻고 벼슬에 오를 수 있었다. 또한 이민족과의 전쟁을 거치면서 재정적으로 타격을 받은 조선 정부는 군량 조달을 위해 납속보관(納粟補官 : 곡식을 관아에 납부하고 관직을 얻는 제도)의 길을 넓게 열었고, 이를 통해 비양반층이 양반층으로 상승하게 되었다. 이와 함께 조선 정부가 재정적 곤란에 빠질 때마다 강제로까지 발매한 공명첩(空名帖)은 재력 있는 비양반층이 양반 신분을 얻는 가장 쉬운 역할을 담당하게 되었고 이로 인해 양반 인구는 급속히 증가했다. 반면 양반층은 거듭된 전쟁으로 그 일부가 경제적으로 큰 타격을 받았고, 전쟁 후 더욱 격화된 당쟁을 통해 권력권에서 떨어져 나간 양반 인구가 증가되면서 양반 계층의 분화가 심화되었다. 강만길, 앞의 책, p.123~130 및 한우근, 앞의 책, p.371~376 참조

108. 당시 시전 상인이나 공인 이외의 사상인층(私商人層) 활동이 활발해지면서, 그 자본 규모가 커짐에 따라 금난전권(禁難廛權 조선 후기에 국가가 시전에 부여한 난전 규제 권한)에 대항하기에 이르렀는데, 1833년 경강 상인들이 값을 올리기 위해 쌀을 매점 매석함으로써 서울 싸전들이 문을 닫을 정도였고, 이 때문에 쌀을 구하지 못한 도시 빈민들이 폭동을 일으키는 사태가 벌어졌음을 강만길(앞의 책, p.99~100 참조)은 밝히고 있다.

109. 서울특별시, 화계사실측조사보고서, 1988, p.163
당시 부농층의 성장 배경에 대하여 강만길(앞의 책, p.133 참조)은 16세기의 과전법 해체 후 대규모 전쟁을 겪게 됨으로써 심화된 권력층에 의한 민전(民田) 겸병, 지주층 땅의 확대에 따른 토지 상실 농민의 증가, 17~18세기의 인구 증가에 따른 농민층의 분화 촉진, 이로 인한 비농업 인구의 증가와 자급자족적 경제 질서의 부분적 붕괴, 이에 따른 농업의 상업화 및 농업 노동 인구의 분출 등을 들고 있다. 또한 이 같은 사회 경제적 조건의 변화를 배경으로 상대적 부농층으로 성장한 농민들이 부를 축척해 간 구체적 방법으로는 농업 경영 규모의 확대와 상품 생산을 들고 있다.

110. 1820~1898. 자는 시백(時伯), 호는 석파(石坡). 영조의 현손 남연군(南延君) 이구(李球)의 넷째 아들이며, 조선 제26대 왕 고종의 아버지.

111. 한우근, 한국통사, 을유문화사, 1969, p.370~399 참조

112. 고종실록 2권, 고종 2년(1865) 4월 3일 정묘 2번째 기사에서 조 대비는 경복궁 중건을 명하였던 것을 신하들에게 확인하는 자리에서 이처럼 더없이 중대한 일은 나의 정력으로는 모자라기 때문에 모두 대원군에게 맡겨버렸으니 매사를 꼭 의논하여 처리하라고 지시(大王大妃曰: 昨以景福宮重建事, 有所命下矣。卿等聞之乎? ……如此莫大之事, 以子精力有所不逮,

故都委於大院君矣。每事必講定爲之也)하고 있다.

113. 고종실록 3권, 고종 3년(1866) 2월 26일 병진 2번째기사 [인정전에 나아가 친정 진하를 받고 사령을 반포하였다(詣仁政殿, 受親政陳賀, 頒赦。)……정치가 이루어지고 제도가 정립되어 한창 성대한 공로로 많은 은혜 널리 퍼지고 있는데 수렴청정을 그만두겠다고 분명히 명하셨다.(治成制定, 方盛烈弘敷駿惠, 洒明命光撤鸞司。……)] 참조

114. 이에 따라 선왕이 사망할 경우 그 뒤를 이을 세자는 왕위에 오를 것을 신하들로부터 독촉 받아도 몇 차례 사양을 하고서야 왕위에 올랐다. 또 광해는 부친인 선조의 계비 인목대비를 유폐하였는데, 이로 인해 인조반정의 명분이 되어 왕위에서 쫓겨났던 것을 볼 수 있다. 따라서 고종은 최익현의 대원군 탄핵 상소가 있고 나서야 이를 계기로 대원군에게 국정에 관여하지 못하도록 하였던 것을 알 수 있다. 이와 관련하여 고종실록 10권, 고종 10년 10월 기사를 보면, 최익현의 탄핵 상소 직후 대원군을 지지하는 신하들이 사직을 청하면서 최익현을 처벌할 것을 청하였으며, 이에 대해 같은 해 11월 기사를 보면 고종은 최익현을 감쌌으나 결국 귀양 보내기에 이르렀지만, 이후 반대 세력을 파면하고 자신의 사람들을 주요 관직에 제수하며 본격적으로 친정에 나선 것을 볼 수 있다.

115. 주석 127) 참조. 참고로 고종실록 10권, 고종 10년(1873) 11월 5일 경술 2번째기사에서 영돈녕부사(領敦寧府事) 홍순목(洪淳穆)이 고종에게 아뢰는 말 중에 "대왕대비께서 수렴청정을 그만두신 뒤 전하께서 모든 정사를 직접 보신 일은 온 나라 사람들이 다 알고 있으니 이제 와서 다시 알릴 필요는 없을 것입니다.(而慈聖撤簾以後, 已爲親總萬幾, 中外所共知, 到今不必更爲頒示。)"라는 내용을 통해 수렴청정이 끝난 후 고종이 왕권을 행사한 것을 잘 알 수 있다.

116. 한말의 거유 최익현 선생의 문집인 면암집(勉菴集)에 1873년에 승정원 동부승지에 제수되고서는 동직을 사퇴하는 상소를 올리면서 대원군의 비정(秕政)을 공격하여 그토록 위세 당당하던 대원군의 10년 세도를 일조에 붕괴시켰음을 기록하고 있다. 또 고종실록 10권, 고종 10년 (1873) 10월 25일 경자 3번째기사에 최익현이 현행의 폐단 시정을 요구하며 올린 상소문 내용과 이에 대해 고종이 호조 참판에 제수한 사실을 볼 수 있다.

117. 1807~1877. 서울 출신의 조선 말기 문신으로 두 차례에 걸쳐 청나라를 방문하여 서양의 문물을 수용해 부국강병을 이루려는 청나라의 자강운동인 양무운동(洋務運動)을 목격하고 문호 개방을 위해 노력하였던 실학자이자 개화론자. 본관은 반남(潘南). 초명은 박규학(朴珪鶴), 북학파 거두 박지원(朴趾源)의 손자로 사간원 정언으로 관직을 시작하여 정승에 올랐다.

118. 고종실록 10권, 고종 10년(1873) 12월 5일 기묘 2번째기사 [右議政朴珪壽辭相職疏略……], 고종실록 10권, 고종 10년(1873) 12월 9일 계미 1번째기사 [初九日。右議政朴珪壽三疏辭職。賜批不許。], 고종실록 10권, 고종 10년(1873) 12월 10일 갑신 3번째기사 [" 珪壽曰：" 聖敎及此, 俯仰今昔, 臣不覺感淚交迸。謹當惟命之承矣。"] 참조. 덧붙여 신하를 정성껏 대하는 고종의 이러한 자세는 고종의 왕권을 강화시켰고, 이에 따라 임오군란으로 재집권한 대원군 정권이 33일만에 무너졌던 이유로서 물론 청나라의 대원군 납치도 있지만, 대원군 정권에 참여할 인재가 부족한 원인이 되었다고 하겠다.

119. 1876년 2월 26일 우리 측 전권대신 신헌(申櫶)과 일본 측 전권 쿠로다키요타카(黑田淸隆) 간에 강화도 조약(병자수호조약) 조인. 이날 비준서(批准書) 전달. 이태진 교수는 그의 글(왜 대한제국의 역사를 폄하하는가,

대한제국 잊혀진 100년 전의 황제국, 국립고궁박물관, 2010, p.24~26)에서 운양호 사건의 전 과정에 대하여 대한제국이 어떠한 결함도 없이 능동적으로 대처하였음을 상세히 설명하면서 이 사건이 일본이 강요한 것으로 알려진 것은 한국 강제 병합 전후에 일본이 동원한 시혜론 차원에서 조작된 것임을 밝히고 있다. 이와 관련하여 일본 에도 정부는 서구의 무력시위에 굴복하여 1858년에 미국, 네덜란드, 러시아, 영국, 프랑스 등 서구 열강 5개국과 불평등조약을 체결하였고, 특히 영국과는 최혜국 조항 등을 담아 조약을 체결하였으며, 일본 메이지 정부는 이러한 경험을 바탕으로 조선과의 조약 체결에 적용하고자 하였다. 이에 따라 무력 도발을 위해 운양호를 보내 국적 표시도 없이 강화도 초지진과 광성보 일대에 접근하게 하여 강화 초지진 포대와 이틀에 걸쳐 총력을 기울여 전투를 벌였으나 실패하였으며, 이후 조선에서는 신헌이 그 배가 황색기만 달았을 뿐이었고 일본 군함인줄 알았다면 왜 우리가 포격을 가했겠는가라고 반문하며 일본의 의도에 말려들지 않고 적절히 대응하는 가운데 일본 측이 요구한 최혜국 조관을 뺄 것을 요구하고, 나머지 12개 조관 중 9개 조관도 자구 수정을 요구하여 양국 간 조약안이 작성되었다.

120. 1882년 5월 22일에 우리 측 전권대신 신헌과 미국 측 전권 슈펠트(Robert W. Shufeldt)가 인천부 행관(行館)에서 조미 수호 통상 조약에 조인하였다.

121. 1882년 6월 6일에 우리 측 전권대신 조영하(趙寧夏)와 영국 측 전권 윌리스(George O. Willes)가 제물포에서 조영 수호 통상 조약에 조인하였다.

122. 1884년 6월 26일에 전권대신 김병시(金炳始)가 주청(駐淸) 이탈리아 공사 루카와 조이 수호 통상 조약(朝伊修好通商條約)을 조인하였고, 동년 7월 7일에 전권대신 김병시가 러시아 측 전권 베베르(Karl I. Waeber)

와 조로 수호 통상 조약(朝露修好通商條約)에 조인하였다.

123. 1886년 6월 4일에 우리 측 전권대신 김만식(金晩植)과 프랑스 측 전권 코고르당(F. G. Cogordan)이 조불 수호 통상 조약(朝佛修好通商條約)·부속통상장정(附續通商章程) 등에 조인하였다.

124. 윤일주는 그의 논문(한국개화기의 양옥건축에 관한 조사연구)에서 1876년 개항이 이루어진 이래로 1910년까지 유입되었던 양식 건축에 관하여 시기별로 정리하고 있다. 이를 보면 개항 이후 1880년대는 대개 일본 공사관, 영사관이 건립된 시기였고, 이외에 독일계의 인천세창양행사옥(1884), 배재학당교사(1886), 일본계 인천대불호텔(1888) 등이 건립되었던 것으로 정리하고 있다. 1890년대는 서구 제국의 공관, 가톨릭 계통, 개신교 계통, 외국 상관(商館)이 유입되었고, 이와 함께 정부 내 사업에도 양식이 도입되었던 시기로서, 개항 초기 한옥을 개조하여 공사관으로 쓰던 미국·영국·러시아·프랑스는 이때부터 본격적인 공관(公館)을 짓기 시작하였으며, 이 시기 우리의 양식 건축물로는 독립문(1897)을 들고 있다.

그 후 10년간(1900~1910)은 복잡한 양상을 보인 시기로서, 초기에는 1896년의 을미사변에 따른 고종의 아관 파천을 계기로 러시아가 득세하면서 경운궁(덕수궁) 내 몇 개의 양관(洋館) 등에서 러시아의 영향이 나타났을 것으로 보았고, 이에 따라 서울에서 발판을 잃은 일본이 이에 대응하여 목포의 일본영사관(1900) 및 부산의 상품진열관(1903~1904) 등의 정교한 건물을 짓게 된 것으로 분석하였다. 1904~1905년의 러일 전쟁 이래로 1905년 을사늑약이 체결되면서부터는 일본이 득세한 시기이기도 하지만, 이 시기에는 또한 사립학교, 교회, 성당 등의 많은 민간 건축물이 건립되었던 시기로 보았으며, 그 예로서 경신학교(儆新學校) 본관(1905), 휘문의숙(徽文義塾) 본관(1906), 상동교회(尙洞敎會, 1901), 대구 계산동 성당(1902), 화산천주교회(1906 착공) 등의 건립을 들고 있다.

125. 고종실록 2권, 고종 2년(1865) 4월 5일 기사 1번째기사 [初五日。營建都監啓:"景福宮重建日字, 今月十三日巽時推擇。以此日時始役何如?" 允之。]

126. 조선 초인 태조 3년(1394) 9월에 건립하기 시작하여 태조 4년(1395) 9월에 준공한 경복궁은 1592년에 일본이 일으킨 임진왜란으로 인해 전소되었다. 이후 선조(재위 1567~1608)가 경복궁 중건을 하고자 하였으나 피폐해진 국토와 고갈된 국가 재정으로 그 뜻을 이루지 못하였고, 광해(재위 1608~1623)도 경복궁 중건의 뜻을 보였으나 실현되지 못하였다가 고종 즉위 후 조 대비의 지시로 중건에 착수하였다.

127. 고종실록 5권, 고종 5년(1868) 7월 2일 정축 1번째기사 [······전교하기를, "법궁을 영건한 지 겨우 40달가량밖에 되지 않는데 지금 벌써 이어하게 되었다. 300년 동안 미처 하지 못하던 일을 이렇게 완공하였으니, 그 기쁘고 다행한 마음을 이루 다 말할 수 있겠는가? 아직도 공사를 끝내지 못한 곳이 있으니 영건 도감을 철파시킬 필요는 없다. (敎曰:"法宮營建, 甫四十朔頃, 而今已移御矣。三百年未遑之事, 有此告成, 曷勝喜幸? 猶有工役之未及畢處, 則都監不必撤罷。)······] 참조. 덧붙여 이에 따라 영건 도감이 경복궁 공사를 계속하였음은 고종실록 10권, 고종 10년(1873) 8월 19일 을미 2번째기사에서 좌의정 강로가 건청궁 공사 비용을 절약할 것을 청하면서 10년간 토목공사를 하다가 또 이 건청궁 공사를 벌리고 있으니 공사가 끝날 날이 없을 것이라고 생각할 것입니다(必謂十年土木之餘, 又有此役, 興作無時可已云矣。)라고 밝히는 내용을 통해 잘 알 수 있다.

128. 고종 5년(1868) 9월 8일 신무문 밖 새로운 전각의 이름을 隆文堂, 隆武堂, 景武臺로 결정하였다. 10일에는 해당 건물의 定礎와 立柱, 上樑하는 날을 정했는데, 융문당은 9월 13일 申時에 초석을 놓고 28일 寅時에 기

둥을 세우고 10월 12일 卯時에 상량을 하며, 융무당은 9월 17일 午時에 초석을 놓고 26일 卯時에 기둥을 세우며 29일 申時에 상량하는 것으로 정하였다. 승정원일기(고종 5년 9월 10일) 및 경복궁 광화문 및 기타권역 복원정비 계획보고서(문화재청, 2002, p.26) 참조

129. 융문당 영역은 옥연정 영역 아래에 위치하고 있으며, 과거시험과 종친부에서 거행한 대종회가 여기서 개최되었고, 고종이 제향 시 재숙을 하거나 군대를 사열하거나 혹은 능행 시 군령을 허가할 때 등에 사용되었고, 융무당 영역은 군사 훈련 등을 하는데 사용되었으며, 경농재 영역은 농사일을 친림하여 관찰할 수 있는 전답이 함께 마련되어 있으며, 농사일을 중히 여기고 풍년을 기원하는 의도로 만들어졌고, 왕의 칙지를 내리는 곳으로 사용되었다.

130. 북궐후원도형과 북궐도형은 따로 제작되어 있지만 북궐후원도형의 경우 하부 좌측에 北 글자의 상부가, 하부 우측에 闕 글자의 상부가 표시되어 있고, 북궐도형의 경우 상부 좌측에 北 글자의 하부가, 상부 우측에 闕 글자의 하부가 표시되어 있다. 절반씩 있는 글자를 맞추면 경복궁을 뜻하는 北闕이라는 글자가 만들어지면서 북궐후원도형과 북궐도형이 하나의 도형으로 연결되고 경복궁 전체 규모와 배치 및 건물 평면 등을 한 눈에 볼 수 있게 세트로 작성되어 있다. 1905년에서 1909년 사이에 제작되었는데, 역사적 상황상 1907년 경 일본이 대한제국 황실 재산을 파악하기 위해 임시제실유급국유재산조사국(臨時帝室有及國有財産調査局) 주도로 작성한 것으로 추정하고 있다.

131. 옛 자료를 보면, 궁성과 궁장은 같은 의미로 쓴 경우도 있으나, 기본적으로 성벽이 되는 궁장, 출입용 문루, 망대 역할의 누각, 월대 등 다양한 시설을 갖춘 성곽을 의미할 경우에는 궁성으로, 성벽 즉 울타리만을 의미할 경우에는 궁장(宮牆 또는 宮墻)으로 칭하였던 것을 알 수 있으며, 또한 궁

성 내부에 있는 울타리는 내장(內墻)으로 칭한 것을 볼 수 있다.

132. 척도는 동서양을 막론하고 고대 국가 시대 이래로 건축·토목 분야 등에서 중요하였는데, 우리나라의 경우 고려척, 영조척, 주척 등 척도를 사용하여 석굴암, 궁성 등을 건립하였고, 이집트의 경우 디지트(Digit), 팜(Palm), 대(大) 큐빗(Royal Cubit) 등 척도를 사용하여 피라미드, 신전 등을 건립하였음을 볼 때, 척도가 적용된 북궐도형 및 북궐후원도형은 거시적 측면에서 매우 중요한 데이터 값을 담고 있음을 알 수 있다.

133. 북궐도형에서 아래로부터 위쪽으로 298번째 및 299번째 눈금(신무문 쪽 궁장에서 시작 시 위로부터 아래쪽으로 59번째 및 60번째 눈금)에서 동서축 모눈개수는 245.7개이며, 여기에 눈금 1개의 길이인 2.472m를 곱하면 약 607.4m가 된다.

134. 신무문 남쪽의 남북축 최대 길이는 881.3m(모눈 356.5개 x 2.472m), 이로부터 신무문 북쪽 후원 끝까지의 최대 길이는 약 514m(모눈 208개 x 2.472m), 이를 합하면 약 1,395m가 된다.

135. 북궐도형에는 광화문 전면의 월대와 해태상 및 하마석 등에 대한 기록이 없다. 현재 문화재청은 광화문 월대 등을 복원하기에 앞서 사전 조사를 위해「경복궁 광화문 월대 및 동서십자각 권역 복원 등 고증조사 연구용역(명지대 한국건축문화연구소」을 추진(2018.3~12) 중이다. 이 용역에서 2006~2010년 당시 광화문지 및 월대 지역 발굴조사 실시 때 29.7m임이 확인된 월대 폭을 기준으로 일제 강점기 때 만들어진 도면을 분석한 결과, 월대 길이는 40.0m부터 54m까지(광화문외제관아실측평면도 40m, 지적원도 46.5m, 장서각 경복궁평면도 44.5m, 조선물산공진회장평면도 54m, 조선고적도보 경복궁배치도 48.5m, 경성광화문통관유지일람도 42.8m)이고, 월대 끝부분에서 해태상까지 이격 거

리는 30.4m부터 39.2m까지(광화문외제관아실측평면도 35.5m, 장서각 경복궁평면도 38.8m, 조선고적도보 경복궁배치도 39.2m, 경성광화문통관유지일람도 30.4m)이므로, 광화문에서 광화문 전면의 해태까지 길이는 70.4m부터 93.2m까지 나타나고 있음을 볼 수 있다. 덧붙여 해태상 간 이격거리는 28.2m부터 36.3m까지(광화문외제관아실측평면도 33.6m, 장서각 경복궁평면도 28.2m, 조선고적도보 경복궁배치도 29.5m, 경성광화문통관유지일람도 36.3m)로 나타난다.

136. 각주 135)를 참고하여 월대에서 해태까지 영역을 계산해보면 [월대 영역 : 29.7m x (40~54m)] + [해태 영역 : (28.2~36.3m) x (30.4~39.2m)]로, 최대치는 약 3,027㎡ 최소치는 약 2,045㎡이므로, 대략 3,000㎡ 전후인 것으로 추정되며, 현재 문화재청에서 추진 중인 광화문 월대 복원 사업에 따라 전면발굴이 시행되는 2020년이 되면 해태에서 하마석 간 면적까지 포함하여 정확한 면적을 알 수 있겠다.

137. 고종연간 중건된 경복궁은 그 후원과 더불어 일제 강점기를 거치며 일본에 의해 경내에 있던 대부분의 건축물이 철거되는 등 철저하게 파괴되었고, 그 자리에 조선총독부 등 건물들이 들어섰고 공원으로 조성되었다. 특히 경복궁 후원의 경우 조선고적도보 경복궁배치도에서 알 수 있듯이 일본에 의해 경복궁 궁역에서 지워졌고, 광복 후 경무대, 청와대로 불리며 최고 통치권자가 집무하던 특수보안 구역이 되어, 현재까지 현황 조사가 불가한 상태이다. 더욱이 궁궐 주변으로 만든 도로로 인해 발굴 조사 자체가 불가한 상태여서 고종 당시 경복궁 면적 등 규모 등에 대하여 밝혀진 것이 없었으므로, 현재 경복궁 면적은 현황 면적에 광화문 월대 등 추정 면적을 더하여 지정면적으로 하고 있다.
이에 따라 필자는 대한건축학회에 발표한 논문(고종조 중창된 경복궁 후원 영역 및 건축 규모 분석 연구, p.95~104)에서 북궐후원도형과 북궐도형을 대상으로 경복궁 후원 영역을 분석하면서 논문 내 각주에서 신무문 남쪽 영역에 대한 영역도 함께 분석하여 경복궁 전체 규모를 밝혔다. 또한 이 논문의 p.99 각주 30)에서는 일제 강점기에 작성된 조선고적도보에 실린 경복궁배치도의 오류를 지적하였는데 다음 네 가지를 밝혔다. ① 경복궁 후원을 제외하여 경복궁 전체 권역을 대폭 축소하였고, ② 배치도 방위를 정북 기준으로 시계방향으로 8° 돌려 작성하여, 정북 기준 시계방향 3° 돌아간 광화문 등 현존 유구 중심의 배치 현황과 비교 시 5°를 더 돌려(김한길 감리단장 측정) 좌향을 심하게 왜곡하였으며, ③ 광화문 중심에서 서십자각 최단부까지를 약 226m로, 동십자각 최단부까지를 약 234m로 그려(김한길 감리단장 측정), 광화문 우측 궁성을 8m 더 길게 하여 광화문 좌우를 심하게 비대칭으로 왜곡하였고 ④ 훼철된 건청궁 등 현황유구와 중첩하였을 때 위치와 축을 완전히 달리하고 있는 것에서 알 수 있듯이, 훼철된 건축물 등에 대한 배치 등을 변형하여 기록하였다.

138. 기존에는 주요 건축물 실측을 바탕으로 경복궁 좌향에 대한 구체적 분석이 없었으므로, 2018.4.26. 대한건축학회 춘계학술대회에서 발표한 필자의 논문(고종조 중창된 경복궁 후원의 건축물 등 규모 분석 연구) 및 이를 보완하여 최종 게재된 필자의 논문(고종조 중창된 경복궁 후원 영역 및 건축 규모 분석 연구 - 국립문화재연구소 소장본 북궐후원도형 및 북궐도형을 중심으로, 대한건축학회논문집 계획계, Vol.34 No.08, 2018.8, p.99, 각주 30)에서 우선 건축물을 대상으로 좌향을 분석하여 정북 기준으로 시계방향 3°임을 밝힌 바 있다. 뒤이어 필자가 담당하였던 「경복궁 광화문 월대 및 동서십자각 권역 복원 등 고증조사 연구용역」에서 경복궁 좌향을 구체적으로 분석하도록 하였다. 그 결과 경복궁 좌향을 광화문 중심선을 기준으로 할 경우 정북 기준으로 시계방향 3° 돌아가고, 사정전 중심선을 기준으로 할 경우 정북 기준으로 시계방향 3.3° 돌아가며, 근정전 중심선을 기준으로 할 경우 정북 기준으로 시계방향 2.4° 돌아가는데, 이처럼 건물의 축이 조금씩 다른 것은 지세에 맞게 건립했기

때문이라 하겠다. 이에 따라 근정전 어좌에 앉아 광화문 중심을 보는 축을 경복궁 좌향으로 삼는 것이 합리적으로 판단되어, 이를 분석한 결과 2.4°로 나타났다.

139. 주남철은 경복궁 궁제와 삼문삼조(한국건축역사학회, v.23 n.5, 2014, p.75~80)에서 경복궁의 경우 창건과 복원 궁제 모두 ≪주례≫⟨동관고공기⟩'장인'편과 ⟨조위침묘사직도⟩를 기반으로 한 것임을 밝히고 있으며, 경복궁 궁제에서 삼문삼조(三門三朝)의 삼문은 고문(皐門)인 광화문, 응문(應門)인 근정문, 그리고 묘문(廟門)인 종묘정문이며, 삼조는 외조(外朝), 치조(治朝), 연조(燕朝)이며, 연조를 내조(內朝)라고도 한다는 것을 밝히고 있다. 또 다른 저서 한국건축사(고려대학교출판부, 2006, p.240~264)에서는 경복궁 내 삼조의 공간구성과 그 전각들에 대하여 상세히 설명하고 있다.

140. 혼전에 신주를 봉안하는 기간은 왕인 경우 3년간, 왕비인 경우 왕이 죽어 종묘에 이봉한 뒤 왕을 따라 종묘에 배향할 때까지가 된다.

141. 창덕궁의 경우도 1884년 12월 4일 갑신정변이 발발한 뒤 3일 후 청나라 군대가 궁궐에 침범하여 들어와 개화당을 패퇴시켰던 것에서 알 수 있듯이 외부 침입에 대한 방어 측면에서 불리하였다. 한편 조선을 침입한 후금에 대항하여 인조는 정묘호란(1627) 때 강화도에서, 병자호란(1636~1637) 때 남한산성에서 항전하였던 사례 등에서 알 수 있듯이 조선은 도성 내 궁궐이 아닌 강화도나 산성 등에서 적군을 맞아 싸웠으며, 궁궐은 전쟁 시설이 아니었다.

142. 고종실록 31권, 고종 31년(1894) 6월 21일 병인 1번째기사 [二十一日。日本兵入闕。是曉日兵二大隊, 由迎秋門入, 侍衛兵發砲禦之, 上命止之。日兵遂守衛宮門, 午後到各營, 收其武器。] 참조

143. 고종은 아관 파천 이후 경운궁에 이어하여 경운궁을 황궁으로 삼았던 시기에도, 조선의 상징적 법궁인 경복궁의 중요성에 따라 1900년에 비용을 들여 경복궁 선원전에 실을 하나 더 늘리는 등 관리하고 있는 것을 고종실록 40권, 고종 37년(1900) 5월 22일 양력 2번째기사 [……璿源殿第一室增建, 有不容少緩者. 增建都監, 以永禧殿營建都監, 合設擧行.] 및 고종실록 40권, 고종 37년 9월 29일 양력 4번째기사 [……景福·昌德兩宮內璿源殿第一室增建費六萬九百五十七元零……]에서 볼 수 있다.

144. 1882년 5월 22일 조미 수호 통상 조약(朝美修好通商條約) 체결 직후 1882년 6월 6일 조영 수호 통상 조약(朝英修好通商條約)을 체결하였다.

145. 고종이 미국과 조미수호통상조약 체결을 추진하던 중 조약 체결 후의 청국과의 관계 조율을 위해 1882년 1월에 어윤중, 이동인 두 신하를 천진에 보내어 청국의 의사를 타진하였는데, 이는 향후 미국을 축으로 청국과 조선의 관계도 대등한 독립국의 관계가 되므로 책봉조공체제가 아닌 공사 상주 제도로 바꾸어야 할 필요성이 있었기 때문이었으며, 이에 대해 청국은 답을 하지 않다가 결과적으로 임오군란을 통해 속방화 정책으로 답하였음을 이태진 교수는 그의 글(앞의 책, p.27)에서 밝히고 있다.

146. 같은 해 7월 3일까지 약 1,500명의 일본 군이 상륙하여 입경하였다.(한국민족문화대백과사전 참조)

147. 1884년 초 고종은 김관선을 노보키예프스코(Novokievskoe)에 파견해 변방행정관인 마튜닌(Matiunin, N. G.)에게 조선은 청국의 종주권을 배제하고 러시아와 외교관계를 희망한다고 전하였고(한국민족문화대백과사전), 이에 청국의 참여 없이 조선은 러시아와 직접 조약을 체결하게 되었다.

148. 고종이 어려운 여건 속에서도 근대적 주권국가의 입지를 다지기 위해 노력하였던 내용에 대해서는 이태진 교수의 글(앞의 책, p.26~28) 참조

149. 1894년 2월 10일 1차 봉기가 있었고, 그 수습과 진정을 위해 파견된 안핵사 이용태의 가혹한 탄압으로 3월에 전면적으로 확산되었다.

150. 고종실록 31권, 고종 31년(1894) 5월 1일 정축 4번째기사에서 청국에 구원을 요청하여 섭지초가 청국 군사 1500명을 거느리고 아산만에 도착하였으므로 이중하를 영접관으로 임명하여 일을 처리하도록 하였음(議政府啓: "中國軍艦, 聞將來泊矣。迎接之節, 不容少緩。工曹參判李重夏迎接官差下, 使之前往辦事何如?"允之。【時全州旣陷, 賊勢猖獗, 政府密與袁世凱議, 請救援于淸廷。淸廷派濟遠,揚威二艦, 赴仁川,漢城, 護商。並令提督葉志超,總兵聶士成率三營兵一千五百名, 來到牙山上陸】)이 기록되어 있다. 또한 국사편찬위원회 자료를 통해 청국 군대가 5월 5일과 7일에 아산만에 상륙했고, 일본 역시 톈진 조약(天津條約)을 근거로 5월 6일에 군대를 제물포에 상륙시켰던 것을 알 수 있다.(http://contents.history.go.kr/front/tg/view.do?treeId=0100&levelId=tg_004_0840&ganada=&pageUnit=10)

151. 각주 97) 참조

152. 동학농민운동 당시 농민군이 전주를 점령하고 정부와 맺은 조약. 전봉준이 폐정개혁안을 제시하고 이를 받아들인다면 해산할 용의가 있음을 밝히는 강화안을 제시하였고, 이를 초토사 홍계훈도 받아들임으로써 동학농민군은 전주성 점거 10여일 만에 철수하고 집강소를 설치해서 폐정 개혁을 추진하기 시작했다.

153. 오오토리케이스케(大鳥圭介) 일본공사와 위안스카이는 3차례에 걸쳐 회

담하여 양국군 공동 철수에 합의하기에 이르렀다.

154. 고종실록 31권, 고종 31년(1894) 6월 21일 병인 1번째기사에서 일본군이 새벽에 영추문으로 대궐에 난입한 것(二十一日. 日本兵入闕. 是曉日兵二大隊, 由迎秋門入, 侍衛兵發砲禦之, 上命止之. 日兵遂守衛宮門, 午後到各營, 收其武器.【曩淸國援兵來據牙山, 日本公使大鳥圭介適歸國聞變, 以五月七日還任. 日本政府直依濟物浦條約, 以公館保護出兵. 於是淸公使袁世凱, 以五月十六日去京城歸國. 同月二十三日大鳥公使謁見, 論宇內大勢, 陳內政改革之意, 上五箇條案. 命內務督辦申正熙,內務協辦金宗漢及曹寅承, 與公使會議于老人亭. 日兵以六月二十一日入衛宮闕. 是日大院君以命入內, 管改革實行之事. 日本公使大鳥圭介亦後入闕. 本日日兵收去之武器, 後日皆返還】)을 볼 수 있다.

155. 러시아, 프랑스, 독일 등 3국의 간섭으로 청국과의 전쟁에서 승리로 얻은 요동반도를 내놓게 된 후 조선에 대한 일본의 영향력은 줄어들게 되자, 일본 정부는 이노우에 공사 경질 후 그 후임으로 예비역 육군중장 미우라(三浦梧樓)를 파견하였다. 미우라 공사는 서울 부임 후 조선에 대한 장기적 지배권 확보 조처로 스기무라 서기관 등과 더불어 왕후 시해를 계획하였고, 1895년 8월 20일 서울 주둔 일본군 수비대를 주요 무력으로 하고, 일본공사관원, 영사경찰, 신문기자, 낭인배 등을 행동대로 하여 경복궁에 난입하여 을미사변을 일으켰다.
참고로 일본의 메이지 정부는 1866년 12월에 에도 정부와 결속하여 반정부 세력을 탄압해 온 코오메이(高明, 1831~1866)왕을 제거(井上淸은 그의 저서 p.111에서 독살 의혹이 짙음을 밝히고 있음)하고, 15살의 메이지를 왕위에 앉혀 왕실을 확실하게 장악한 후 에도 정부를 무너뜨리고 수립된 정부였음을 주목할 필요가 있다.

156. 고종실록 34권, 고종 33년(1896) 2월 11일 양력 1번째기사

157. 그 결과 경운궁으로 환궁한 뒤 얼마 지나지 않아, 환구단(圜丘壇)을 건축하고 환구 의례를 거행한 후 황제로 즉위하여 대한제국을 선포(1897.10.12)하기에 이르렀다.

158. 각주 27) 참조

159. 각주 28) 참조

160. 고종실록 34권, 고종 33년(1896) 2월 11일 양력 1번째기사 [국왕과 왕태자는 대정동의 러시아공사관으로 주필(駐蹕)을 이어하였고, 왕태후와 왕태자비는 경운궁에 이어하였다.(十一日。上與王太子移蹕駐御于大貞洞俄國公使館。王太后、王太子妃移御于慶運宮。)] 참조

161. 러시아의 확고한 입장에 따라 일본은 1904년 2월 임시각의를 통해 개전을 결정하여, 2월 8일 밤 여순을 기습하고, 9일에는 인천 앞바다에 있던 러시아군함 2척을 격심시키고 난 후, 10일에 러시아에 선전 포고를 하였다. 러시아는 1905년 1월 1일 여순 함락 및 3월 봉천에서의 패배에 이어 같은 해 5월 27일 발틱함대가 대마도해전에서 패배함으로써 그 입지가 위축되었고, 더욱이 이 무렵 러시아 국내에서 일어난 혁명으로 전쟁을 수행하기 어려워졌다. 일본도 많은 사상자와 더불어 군비를 부담하기 어렵게 되어 러시아를 상대로 같은 해 8월 9일부터 9월 5일까지 강화교섭을 진행하기에 이르렀다.

162. 각주 25) 참조

163. 고종실록 34권, 고종 33년(1896) 2월 27일 양력 1번째기사에서 남도와 강원도에 선유사를 특별히 파견하면서 선유사에게 짐의 사랑스럽고 불쌍한 백성의 부모된 짐의 마음을 생각하여 백성에게 알리도록 조령을 내

리고 있다.

164. 고종실록 34권, 고종 33년(1896) 2월 13일 양력 3번째기사에서 백성의 각종 조세를 탕감해 주도록 조령을 내린 것(……凡京外公納帳簿에 吏逋와 民未納과 各貢人處遺在가 開國五百三年六月以前登記에 係ᄒ 者를 一倂蕩減케 ᄒ야써 朝家의 體恤ᄒᄂ 意를 示ᄒ노라.)을 볼 수 있다.

165. 고종실록 35권, 고종 34년(1897) 1월 3일 양력 6번째기사 [징역 죄수 중에서 모반, 절도, 강도, 간통, 재물 탈취의 죄를 제외하고 70세 이상의 노인, 15세 이하의 어린사람, 병든 사람은 다같이 특별히 풀어주어서 널리 죄를 씻어주는 조정의 은전(恩典)을 보아라." 하였다(.詔曰: ……懲役罪犯中謀反,竊盜,强盜,通奸,騙財外, 年七十以上十五以下及廢疾人, 一竝特放, 以示朝家曠蕩之典."] 참조

166. 왕후의 관을 안치한 빈전(殯殿)을 경복궁에서 경운궁 별전으로 옮길 것 [고종실록 34권, 고종 33년(1896) 8월 23일 양력 1번째기사]과 이를 미리 종묘와 영녕전 등에 알리는 절차를 마련할 것[고종실록 34권, 고종 33년(1896) 8월 29일 양력 1번째기사]을 명하였고, 빈전을 옮길 때 고치도록 내린 제칙에 따라 만들어진 상복 제도를 재가[고종실록 34권, 고종 33년(1896) 8월 29일 양력 2번째기사(……今番服制, 謹遵英廟朝受敎《補編》橫看圖釐正磨鍊以入事, 勅下矣. 謹遵《喪禮補編》橫看圖, 陛下視事·燕居服、王太子·王太子妃進見服, 原節目中改付標, 宮官進見東宮時服色, 節目中漏落, 一體付標。靴子謹依《補編》所載及壬辰筵敎, 竝以白色釐正, 付標以入之意"上奏。制曰: "可。……)] 하였다.
뒤이어 빈전을 이봉[고종실록 34권, 고종 33년(1896) 9월 4일 양력 1번째기사]한 후, 빈전에 제사 의식을 올렸으며[고종실록 34권, 고종 33년(1896) 9월 25일 양력 1번째기사(二十五日。詣殯殿, 行朝奠、朝上食、晝茶禮, 仍行夕上食。王太子陪參。), 고종 33년 9월 26일 양력 1번째기

사(二十六日。詣殯殿, 行初忌辰別奠。王太子陪參。仍行晝茶禮。王太子具祭文行禮。), 고종 33년 10월 31일 양력 1번째기사(三十一日。詣殯殿, 行奠酌禮,朝上食,晝茶禮,夕上食。亦爲親行。), 고종 33년(1896) 11월 1일 양력 1번째기사(一日【陰曆丙申九月二十六日】詣殯殿, 行別茶禮,朝上食,晝茶禮,夕上食。), 고종 33년 11월 5일 양력 1번째기사(五日。詣殯殿, 行朔奠及晝茶禮。) 등], 직접 빈전에 제사를 지낼 것을 하달하면서 백관이 참가할 것을 명[고종 33년 11월 15일 양력 1번째기사]하였다. 이후 혼전으로 삼을 경소전의 공역을 지시[詔曰:"三都監工役, 自今日爲始。" 又詔曰: "魂殿以景昭殿爲之。"]하였다. 이러한 장례 절차 추진을 통해 일본이 자행했던 만행을 각인시키면서 신하들과 백성들 마음을 하나로 묶어 나갔던 것을 볼 수 있다.

167. 전환국은 1883년부터 1904년까지 화폐 주조를 담당했던 상설 조폐기관으로, 1894년 관제 개정을 통해 탁지부 소속이 된 후 1896년에는 탁지부 소속 2등국으로 하고 직제 확장과 함께 각 직급별 업무 분담의 명확한 규정 등 발전적 개혁이 이루어졌다.

168. 고종실록 34권, 고종 33년(1896) 2월 3일 양력 2번째기사 [勅令第十四號, 典圜局官制, 裁可頒布] 참조

169. 고종실록 34권, 고종 33년(1896) 5월 28일 양력 2번째기사 [농상공부령 제3호, 〈춘천부, 원산항, 함흥부, 해주부, 홍주부, 경성부, 강계부에 모두 우체사를 설치하는 안건〉을 공포하였다.(農商工部令第三號, 春川府、元山港、咸興府、海州府、洪州府、鏡城府、江界府竝設置郵遞司件。公布。)] 참조

170. 고종실록 34권, 고종 33년(1896) 7월 15일 양력 3번째기사 [勅令第三十一號, 國內鐵道規則, 裁可頒布。鐵道規則: 第一條, 國內人民往來와

物品出入의 便利홈을 爲ᄒᆞ야 國內各地方에 鐵道를 設置홈. 第二條, 國內各地方鐵道의 尺量을 均一케 ᄒᆞ야 此道輪車가 彼道에도 互相通行ᄒᆞ야 無礙케 홈. 第三條, 國內各地方鐵道의 廣을 外國의 現行立規를 從ᄒᆞ야 鐵線設ᄒᆞᆯ 兩間을 英尺四尺八寸半으로 確定홈. 第四條, 官立ᄒᆞᆫ 鐵道汽車의 往來人票價와 出入物運費ᄂᆞᆫ 農商工部大臣이 定홈. 第五條, 本國人이나 外國人이 鐵道會社를 國內各地方設置홀 時에도 此規則을 一切遵行ᄒᆞ고 票價와 運費도 農商工部와 協議ᄒᆞ야 安定홈. 第六條, 鐵道細則은 農商工部大臣이 追後로 定홈.] 참조

171. 고종실록 34권, 고종 33년(1896) 7월 23일 양력 1번째기사 [二十三日。勅令第三十二號, 電報司官制, 裁可頒布。【電報司屬之農商工部大臣管理, 掌其電報所關一切事務。分一二等: 一等司, 漢城、仁川、元山、釜山、義州、鏡城、慶興、會寧。二等司, 忠州、洪州、公州、全州、南原、羅州、濟州、晉州、固城、大邱、安東、江陵、春川、開城、海州、平壤、江界、咸興、甲山。職員置司長、主事, 司長奏任, 每司置一人而充以技術諳鍊之員, 主事判任, 漢城司十人, 各港口駐在司三人以下, 各地司二人爲定充。以電務學習員, 但有枝線處, 隨其線數一二員或得加置。】] 참조

172. 고종실록 34권, 고종 33년(1896) 7월 25일 양력 1번째기사 [二十五日。勅令第三十四號, 國內電報規則所關件, 裁可頒布。【電報分三種; 一, 官報, 一, 局報, 一, 私報。官報, 國務大臣、內外各官廳長官、海陸軍將官、本國駐箚之外國公使・領事所通公信。局報, 電報事務所關之互相通信。私報, 官民間私相通信。】] 참조

173. 고종실록 34권, 고종 33년(1896) 7월 30일 양력 2번째기사 [農商工部令第七號, 漢城、開城、平壤、義州設置電報司件, 公布。] 참조. 덧붙여 농상공부 산하 관청인 전보사에는 요원으로 사장(司長)과 주사(主事)를 두었고, 1896년 7월부터 한성・개성・평양・의주에서 동시 시작 후 1904년 11

월까지 전국에 36개 지역으로 확장되었다.

174. 고종실록 34권, 고종 33년(1896) 3월 4일 양력 1번째기사에서 친위 제 4대와 제5대 증설에 관한 안을 반포(四日。勅令第十五號, 親衛第四,第五 隊增設件, 裁可頒布。)한 기록을 볼 수 있다.

175. 고종실록 34권, 고종 33년(1896) 4월 22일 양력 1번째기사 [칙령 제 21호, 〈친위 제1연대 편성에 관한 안건을 재가하여 반포하였다. 【연대 본부와 친위 제1대대, 제2대대, 제3대대로 편성하고, 연대장 1인, 부관 1인, 무기 주관 1인, 기관 1인을 둔다.】(二十二日。勅令第二十一號, 親衛 第一聯隊編成件, 裁可頒布。【以聯隊本部及親衛第一、第二、第三大隊編成: 聯隊長一人,副官一人,武器主管一人,旗官一人。】)] 참조

176. 고종실록 34권, 고종 33년(1896) 6월 8일 양력 1번째기사 [八日。勅令 第二十四號, 馬兵隊廢止,親衛騎兵隊設置件; …… 竝裁可頒布。] 참조

177. 고종실록 34권, 고종 33년(1896) 8월 4일 양력 4번째기사 [勅令第 三十六號, 地方制度官制改正件, 裁可頒布。全國二十三府, 以十三道改正, 而首府位置: 京畿道【水原】, 忠淸北道【忠州】, 南道【公州】, 全羅北道 【全州】, 南道【光州】, 慶尙北道【大邱】, 南道,【晉州】黃海道【海州】, 平 安南道【平壤】, 北道【定州】, 江原道【春川】, 咸鏡南道【咸興】, 北道【鏡 城】。各道, 置觀察使一人, 主事六人, 總巡二人。漢城五署區域, 特置一府。 府廳位置, 仍舊漢城府, 置判尹一人, 少尹一人, 主事五人。廣州,開城,江 華,仁川,東萊,德源,慶興則置府尹一人, 濟州置牧使一人, 主事二人, 十三道 所管三百三十九郡, 以五等分定而郡守仍舊。] 참조

178. 고종실록 34권, 고종 33년(1896) 8월 4일 양력 5번째기사 [勅令第 三十七號, 地方官吏職制, 裁可頒布: "判尹,觀察使, 勅任; 府尹,少尹,牧

使.郡守, 奏任; 主事.總巡, 判任。漢城判尹.各道觀察使, 屬之內部大臣指揮監督, 而有關於各部事務, 則承各部大臣命令。管下府.牧.郡治績, 觀察使每年兩次, 以一月.七月十五日, 定期報告于內部, 從前八字襃貶之規廢止, 據其事實論報。牧使, 區域內事務乃觀察道隷屬, 與府尹無異, 而大靜.旌義兩郡管轄, 與觀察使同。"] 참조

179. 고종실록 34권, 고종 33년(1896) 9월 24일 양력 2번째기사 [勅令第一號, 議政府官制, 裁可頒布.議政府官制 : 大君主陛下게셔 萬機ᄅ 統領ᄒ샤 議政府를 設置ᄒ시니라。……] 참조

180. 고종실록 34권, 고종 33년(1896) 9월 29일 양력 2번째기사에서 내부령 제9호를 포고하여 황토현으로부터 흥인지문까지와 대광통교로부터 숭례문까지의 도로를 규정을 세워 개정한 것(內部令第九號: "黃土峴으로셔 興仁之門지와 大廣通橋로셔 崇禮門ᄭ지ᄂᆞᆫ 一國의 大道어눌 家屋의 犯路와 越川홈이 法에 在ᄒ야 當禁홀지라。兩路의 原廣이 或五十餘尺이오 七八十尺되ᄂᆞᆫ 處가 多ᄒ니 現況의 商務와 較ᄒ면 必要ᄒᄂᆞᆫ 路廣에 過홀지라。設法改良홈이 可홈。")을 볼 수 있다. 이와 관련하여 이태진 교수는 그의 글(앞의 책, P.30)에서 서울을 황성으로 면모를 일신시키기 위해 미국 워싱턴을 모델로 한 도시개조사업에 착수하였음을 밝히고 있다.

3장 각주

181. 1904년의 화재는 러일 전쟁 발발 2달 뒤에 발생한 것으로, 화재 책임에 대한 조사에서 모두들 화재 원인을 모른다고 진술하였고, 고종이 방재에 책임이 있는 자들에 대하여 1901년의 화재 때와 마찬가지로 처벌을 경감해 준 것으로 보아, 당시 고종은 화재의 원인이 다른 쪽에 있다고 판단했던 것을 알 수 있다. 특히 이 무렵 데일리 크로니클의 특별통신원으로 우리나라에 들어와 경운궁에서 발생한 의문의 화재 사건을 추적하였던 어니스트 토머스 베델(1872~1909)이 "일본군이 방화했을 가능성이 크다"는 내용의 기사를 전송하여 실었으며, 이 의도된 방화에 대하여는 향후 추가적인 사료 발굴이 필요하다. 이에 대한 상세한 내용은 덕수궁 복원·정비 기본계획, p.29~43 및 서울신문 2018.8.10 기사(경운궁 日 방화 추정' 특종 뒤 해고당해…대한매일신보 창간) 참조

182. 이러한 일본이 행한 기록 왜곡의 본질적 배경에 대하여는 각주 242)에서 정리하였다.

183. 각주 155) 참조

184. 이에 대한 자세한 사항은 덕수궁 복원·정비 기본계획, 문화재청, 2005, p84~p.98 참조

185. 이외에도 수옥헌 북서측에 순종이 황태자일 때 거처였던 환벽정(環碧亭)이 있었는데, 이는 자료발굴을 통한 추후 연구가 필요하다.

186. 우리나라 근대 건축에는 이외에도 우리 의지와 관계 없이 일본의 침탈로 인해 일제 강점기 동안 만들어진 일본 양식 건축이 있으며, 이 경우 일본 전통 양식의 건축과 일본 자신의 방식으로 받아들여 변형시킨 근대 양식

건축이 있는 것을 볼 수 있다.

187. 당시 우리 민족이 전통의 토대 위에 자생적인 혁신 창안이나 적극적인 서양 문물 도입을 통해 스스로 만들어 간 근대 건축과는 별개로, 일본에 의해 일제 강점기에 이 땅에 들어온 일본 건축이 있다. 여기에는 일본의 전통 건축과 일본 자신의 방식으로 받아들여 만든 서양 건축이 있으며, 이러한 일본 건축은 새로운 시대의 도래와 사상의 발전에 따른 결과물로서의 근대 건축이 아니고, 조선 침탈의 흔적으로서 우리나라 근대 건축의 정상적 발전을 왜곡 변형시킨 주요 요인이므로 근대 건축의 갈래가 아닌 침탈의 유산으로 구분함이 적합하다.

188. 수원 화성(경기도 수원 소재)은 조선의 전통적인 축성 기법을 바탕으로 중국·일본·서양의 축성 기법에 나타나는 장점을 도입하여 독창적으로 만든 성으로, 국가지정문화재이면서 유네스코 세계유산으로 지정되어 있는 근대 건축 문화재이다. 5.744㎞에 이르는 성곽에는 팔달문(보물 제402호), 남포루, 동북각루, 동북공심돈, 동북노대, 동북포루, 동암문, 동일치, 봉돈, 북동적대, 북동포루, 북서적대, 북서포루, 북암문, 북포루, 서남각루, 서남암문, 서노대, 서북각루, 서북공심돈(보물 제1710호), 서암문, 서장대, 서포루, 동장대, 장안문, 창룡문, 화서문(보물 제403호), 화홍문, 방화수류정(보물 제1709호) 등 많은 건축 문화재가 있다. 김성도, 「근대유산의 보존과 활용 : 근현대 문화재」, 도서출판 고려, 2012, p.175

189. 대방은 기존의 전통적인 법당과 전혀 다르게 염불 전용 법당으로서 사찰 내에서 독립적으로 운영되던 특성을 반영하여 자체적으로 생활할 수 있게 승방, 부엌, 수납용 공간 등을 갖춘 복합형 법당이다. 이는 고성 건봉사에서 1802년에 만일염불회를 개최한 것을 계기로 당시 사회에 정토 염불이 크게 성행하면서 많은 사찰에서 그 중심 영역에 만들어진 것을 볼 수

있으며, 만해 한용운은 그의 저서 조선불교유신론에서 정토 염불의 지나친 성행에 따른 폐해에 대하여 비판하며, 염불당, 즉 대방을 폐지할 것을 주창하였다. 김성도, 「근대기 한일 불교 건축」, 도서출판 고려, 2010, pp.23~24, 288~291

190. 김성도, 앞의 책, p.18~174 및 김성도, 「건축 문화재 이야기」, 도서출판 고려, 2014, pp.83~87 참조

191. 경운궁은 그 담장을 따라 북쪽에는 영국공사관, 서쪽에는 미국공사관이 자리하였고, 남쪽 인근에는 독일공사관이, 서쪽으로 약간 떨어진 위치에는 러시아공사관과 프랑스 공사관이 위치하여 청일 전쟁 당시 일본의 경복궁 점령(1894.7.23) 및 경복궁 건청궁에서의 명성왕후 시해(1895.8.20) 등을 자행한 일본에 대한 견제와 구미 각 국의 도움을 받기에 적합한 장소라 할 수 있다.

192. 문화재청에서는 덕수궁 돈덕전 복원 조사연구(2016), 덕수궁 석조전 실측 및 수리보고서(2014), 덕수궁 중명전 보수 복원 보고서(2009), 덕수궁 복원정비 기본계획(2005) 등 연구 성과를 발간하여 왔다.

193. 〈The Burning of Palace〉, 《Korea Review》, 1904.4

194. 문화재청, 덕수궁 복원정비 기본계획, 2005, p.498 참조

195. 고종실록 39권, 고종 36년(1899) 6월 22일 양력 2번째기사 [第一款……第三條, 元帥府는 皇宮內에 設置홈이라……第二款. 第一條, 元帥府에 左開四局을 置홈이라.軍務局,檢査局,記錄局,會計局.…… 第三條, 軍務局長은 局務의 處辦과 決定을 元帥殿下게 經홈 後에 大元帥陛下게 入奏ᄒ야 裁可ᄒ심을 蒙ᄒ야 施行홈이라.第四條, 軍務局에 左開屬員을 置

ᄒᆞ야 庶務를 整理홈이라.副長二員, 領官局員六員, 尉官下士十人.……第六條, 檢查局長은 局務에 處辦과 決定을 元帥殿下게 經ᄒᆞᆫ 後에 大元帥陛下게 入奏ᄒᆞ야 裁可ᄒᆞ심을 蒙ᄒᆞ야 施行홈이라.……第九條, 檢查局에 左開屬員을 置ᄒᆞ야 庶務를 整理홈이라.副長一員, 領官局員四員, 尉官下士八人.第十條, 記錄局은 將官으로써 局長을 委任ᄒᆞ야 左開事務를 掌홈이라.……第十一條, 記錄局에 左開屬員을 置ᄒᆞ야 庶務를 整理홈이라.局員二員, 尉官下士四人.第十二條, 會計局은 將官으로써 局長을 委任ᄒᆞ야 左開事務를 掌홈이라.……第十三條, 會計局에 左開屬員을 置ᄒᆞ야 庶務를 整理홈이라.副長一員, 領官員三員, 尉官下士八人.……第三條, 各隊兵卒中四十人을 文識이 有ᄒᆞᆫ 者로 選擇ᄒᆞ야 元帥府에 供役케홈이라……] 참조

196. 1907년에서 1909년 사이 제작되었을 것으로 추정되는 배치도(장서각 소장 도면)에는 망대 3개소가 표시되어 있으며, 궁내부와 수인당 건물 인근의 도로쪽 모서리 두 곳 및 승녕부 좌측 한 곳에 각각 있음을 볼 수 있다.

197. 고종실록 39권 고종 36년(1899) 6월 22일 양력 2번째기사 [〈원수부 관제(元帥府官制)〉 대황제 폐하는 대원수(大元帥)로서 군기(軍機)를 총람(總攬)하고 육해군(陸海軍)을 통령하며, 황태자 전하로서 원수(元帥)로서 육해군을 일률적으로 통솔한다. 이에 원수부를 설치한다. 제1관 제1조 원수부는 국방(國防)과 용병(用兵)과 군사에 관한 각 항의 명령을 관장하며 특별히 세운 권한을 가지고 군부(軍部)와 경외(京外)의 각 부대를 지휘감독한다(元帥府官制.大皇帝陛下게셔 大元帥이시니 軍機를 總攬ᄒᆞ사 陸海軍을 統領ᄒᆞ시고 皇太子殿下게셔 元帥이시니 陸海軍을 一例統率ᄒᆞ사 元帥府를 設置ᄒᆞ심이라)] 및 고종실록 40권, 고종 37년(1900) 3월 20일 양력 1번째기사 참조

198. 순종실록부록 3권, 순종 5년(1912) 5월 6일 양력 1번째기사 [덕수궁(德壽宮) 부지 면적 1,621평(坪)과 원 경선궁(元慶善宮) 택지 면적 331평을 조선 총독부(朝鮮總督府)에 양여하였다. 총독부가 소관 도로를 개수(改修)하여 사용한다는 이유로 통지하였기 때문이다.(德壽宮敷地面積一千六百二十一坪,元慶善宮宅地面積三百三十一坪, 讓與于朝鮮總督府。因該府所關道路修改入用有照會也)] 및 덕수궁 복원정비 기본계획, p.157 참조

199. 후에 이르러 수옥헌이란 명칭은 수옥헌과 주변의 만희당, 장기당, 강태실, 흠문각, 수풍당, 환벽정 등 건물까지 모두 포함하는 궐역을 칭하는 용어로도 쓰였다.

200. 1899 Dec. 29 – A foreign-style brick building was completed during the year, for use as a library, on the palace enclosure just west of the U.S. Legation. 「Korea : Fact and Fancy」(Spencer J. Palmer, Asian Collection, Library Brigham Young University), p.210 참조

201. 미국인 고문관 샌즈는 그의 저서(김훈 역, 조선의 마지막 날(1896~1904), 미완, 1986)에서 1900년경 수옥헌을 다음과 같이 폄하하여 기록하였다. "그 건물은 왕실의 권위도 우아함도 풍겨 나오지 않는 조악한 건물로서, 러시아공사관과 연결되었고, 러시아 공사의 지배하에 있었다. 그 건물의 유일한 특징은 그것을 둘러싸고 보호하고 있는 거대한 화강암 담벽이었다." 덕수궁 중명전 보수 복원 보고서, p.72

202. 수옥헌 화재 발생일에 대하여 알렌은 1901년 11월 15일, 고종실록은 그 다음날이 16일로 기록되어 있는데, 늦은 밤에 불이 난 경우이기 때문으로 보인다.

「Korea : Fact and Fancy」, p.221 [1901 Nov.15 - Imperial Library buiding, adjoining U.S. Legation on West, destroyed by fire] 및 고종실록 41권 고종 38년(1901) 11월 16일 양력 2번째기사[漱玉軒失火] 참조

203. 중명전 명칭은 고종실록 1906년 12월 31일 기사 [황태자비의 삼간택(三揀擇)을 중명전에서 행하였다(行皇太子妃三揀擇于重明殿)]에서 처음 나타나며, 이후부터는 수옥헌 명칭이 순종실록 1907년 7월 20일 기사 [통감 후작 이토오히로부미(伊藤博文)와 각 국 영사를 수옥헌에서 접견하였다(接見統監侯爵伊藤博文及各國領事于漱玉軒)]에 나타난 것을 제외하고는 중명전으로 쓰이고 있어, 1906년 말 이후부터는 중명전 명칭이 주로 쓰였던 것을 알 수 있다.
이에 대해 고종이 황실 도서관으로 지어진 수옥헌에 1907년 강제 퇴위 무렵까지 3년 남짓 머무르면서 정전으로 사용하였기 때문에 전호의 격이 '전(殿) '으로 상승하고 이름도 바뀌게 된 것으로 이영화는 추정하고 있다. 덕수궁 복원정비 기본계획, p.70 참조

204. 아파나시이 이바노비치 세레진 사바찐(薩巴丁, 薩巴玲, 士巴津, Afanasy Ivanobich Seredin- Sabatin. 1860~1921). 러시아인 건축가로 영어식으로는 사바틴 또는 사파진, 러시아식으로는 사바찐으로 불린다. 1883년 인천으로 입국하여 23년간 한국에 머물며 정동 일대와 인천 등에서 활동하였다. 김정동은 사바찐이 관여했던 건축물로 러시아공사관, 중명전, 환벽정, 정관헌, 러시아정교회, 구성헌, 돈덕전, 독일영사관, 손탁호텔 등을 들고 있다. 덕수궁 중명전 보수·복원 보고서, pp.73~76, 83~100 및 조선비즈(100여년 전 구한 말 건축의 중심, 세레진 사바찐), 2013.12.04. 기사 참조

205. 1925년 3월 12일 화재 피해를 입었으며, 이후 복구되어 서울클럽, 아메

리칸 클럽으로 사용되어 오다가 2003년 5월 30일 문화재청에서 49억 3백만 원을 들여 매입하여 복원하였는데, 일제 강점기 때 변형된 모습을 원래대로 최대한 되찾기 위해 최대한 노력하였으나, 당시 사료의 한계로 인해 정면의 페디먼트 복원까지는 이르지 못했다. 변형 이전의 본래 모습은 민족문제연구소에서 1905년 당시 미국에서 출간된 러일전쟁 사진집 속에서 찾아내 한겨레 신문에 기고한 2016.7.25 기사('을사늑약' 비운 깃든 중명전 복원 잘못됐다)에서 볼 수 있다. 한국근대건축사연구(윤일주교수 논문집편찬회 편, 기문당, 1988, p.58), 덕수궁 복원정비 기본계획(p.267), 근대 유산의 보존과 활용 : 근현대 문화재(p.205) 참조

206. 조선총독부 편찬과장 오다쇼오고(小田省吾)가 쓴 덕수궁사(1938)에 수록되어 있다. 이 사진을 보면 1907년경 사진 모습과 달리 외부를 벽체화하여 창호 설치가 되어 있는데, 기존의 난간을 제거하고 아치 개구부를 모두 막는 등 외관을 변형한 것을 알 수 있다.

207. 개항 후에 창설된 관세 행정 기구로서 오늘날의 세관(稅關)을 말한다(한국민족문화대백과사전). 1900년 총해관공소 지도에는 해관과 관련된 모든 업무를 관장하던 총책임자인 총세무사의 관사, 해관 업무를 보는 사무소 3동, 그리고 구성헌 등의 건물 배치를 볼 수 있다.

208. 아펜젤러 사진첩(배재대 박물관, 정동교회 소장), 고종실록 39권 고종 36년(1899) 11월 14일 양력 1번째기사 [일본 공사 하야시 곤노스께 러시아 공사 파블로프(Pavlow)를 구성헌에서 접견하였다.(接見日本公使林權助及俄羅斯公使巴禹路厚于九成軒)], 문화재청, 덕수궁 복원정비 기본계획, p.373 참조
덧붙여 여기 해관은 황실에서 돈덕전 건립 등에 쓰기 위해 1901년 3월 8일까지 다른 곳으로 옮기도록 처분을 내려 타처로 옮기게 되었음을 볼 때 (1901.3.28. 제국신문 3면 1단 기사 참조) 구성헌이 해관 기능으로 쓰

인 것은 1901년 초까지이며, 이후에는 황실 공간으로 쓰였던 것으로 봄이 합리적이다.

209. 고종실록 44권, 고종 41년(1904) 4월 14일 양력 3번째기사 "丙申年移御時, 惟一卽祚堂而已. 今雖盡燒, 嘉靖堂、惇德殿九成軒尙完存, 比諸其時, 還有勝也" 참조

210. "구성헌은 조선의 세관으로 건립되어 사용되었다가, 돈덕전이 건립되면서 돈덕전에서 세관의 업무를 진행했다. 따라서 구성헌의 원래 목적은 돈덕전의 건립과 더불어 사라지게 되었으며 이런 연유가 구성헌의 훼철에 영향을 미쳤을 것으로 추정된다"라고 한 덕수궁 복원정비 기본계획(p.143) 기록은 1901년에 해관(세관)이 다른 곳으로 옮겨가게 된 과정을 언급한 1901.3.28일자 제국신문 기사 내용, 1899년 촬영 사진에 구성헌을 이미 前 해관(Former custom house)으로 표기한 기록, 돈덕전이 연회장 겸 접견 용도로 건립되었던 사실, 그리고 1904년 경운궁 대화재 속에서 구성헌과 돈덕전이 화마를 피하여 1907년까지는 분명히 존속하였던 사실 등으로부터 분석할 때 맞지 않으며, 구성헌이 1907년 이후 언제 철거되었는지에 대하여는 사료 발굴을 통한 후속 연구가 필요하겠다.

211. 순종 1년 정미(1907, 융희1) 8월 21일(경진, 양력 9월 28일 토요일) 기록 [궁내부에서 포달(布達)하기를,······"황태자 전하(皇太子殿下)께서 10월 1일 상오 11시 30분에 구성헌(九成軒)에서 출어(出御)하여 고등학교(高等學校)와 무관학교(武官學校)를 어순람(御巡覽)하시고, 같은 날 하오 4시 30분에 환어(還御)하신다는 교지(敎旨)를 받든 바, 노정(路程)은 다음과 같다.······] 참조

212. 1910년 발간「朝鮮名勝記」에 수록된 사진(덕수궁 복원정비 기본계획,

p.376) 및 1899년 3월경 촬영된 총해관 주변 모습(『한국세관130년추록』, 덕수궁 돈덕전 복원 조사연구, p.87) 참조
관련하여 1902.10.10 중화전 준공을 하였지만, 주변 정비를 마무리하지 못한 것에 대하여 고종은 "법전은 지금 이미 완공된 만큼 공포하는 것은 원래 정한 날짜에 하고, 그 밖에 아직 공사를 끝내지 못한 것들은 각별히 독촉하라("法殿, 今旣竣完, 告布, 當以原定日爲之餘外未畢工役, 另加董飭")"고 명하고, 같은 해 10월 19일 중화전 완공에 따라 중화전에 나아가 축하를 받고서 "봄부터 가을까지 공사를 하여 이미 완공되었는데, 웅장한 건물이 우뚝 솟아 대궐은 더욱 휘황찬란하니 경사치고 이보다 큰 것이 없다. 음력 9월 18일 새벽에 천지와 종묘 사직에 삼가 고했으며 신하와 백성들에게도 선포한다(自春徂秋, 役旣告訖, 輪奐屹峙, 象闕增輝, 慶莫斯大. 乃於陰曆九月十八日曉, 祇告于天地,宗廟,社稷, 亦粵臣庶)"고 중화전 정전 준공을 알리고, 같은 날 외삼문 이름을 조원문으로 정하도록 윤허하였던 고종실록 기록에서 중건된 중층 중화전과 중화문 전면으로 경운궁 궁장공사가 진행 중인 모습의 사진은 1902년 촬영된 것으로 보인다.

213. 윌리엄 모리스의 붉은 집(1859)에서 보이는 좌우 비대칭 구성은 근대 건축의 시발점이 되었는데, 구성헌은 이러한 경향이 반영되어 좌우대칭 형태에서 탈피하면서 웅장하고 화려하게 구성된 것을 볼 수 있다.

214. 고종실록 41권, 고종 38년(1901) 2월 5일 양력 2번째기사 [상이 이르기를, "태조 고황제의 준원전본 영정은 임시로 정관헌에 봉안하고, 열성조의 진전본 영정은 임시로 중화전에 봉안하는 것이 좋겠다" (上曰: 太祖高皇帝影幀璿源殿本, 權安於靜觀軒, 列聖朝影幀眞殿本, 權安於中和殿爲宜)], 순종실록 2권, 순종 1년(1908) 4월 2일 양력 1번째기사 [조령을 내리기를, "풍경궁의 태극전과 중화전에 봉안한 어진을 정관헌에 이봉하라." 하였다.(詔曰: "豊慶宮,太極殿,重華殿奉安御眞, 移奉于靜觀軒)], 순종실록부록 3권, 순종 5년(1912) 7월 2일 양력 1번째기사 [태왕 전하가

161

정관헌에 나아갔다. 어진을 중화전으로 이봉하였다.(太王殿下臨于靜觀軒。移奉御眞于中和殿)] 등 참조. 고종실록 및 순종실록에서 정관헌은 어진이 봉안된 신성한 곳이었음을 알 수 있다.

215. 신혜원, 한동수의 연구(덕수궁 정관헌의 양식 고찰에 관한 연구, 대한건축학회 창립60주년기념 학술발표대회논문집 제25권 제1호 통권 제49집, 2005.10.24.-25)에 의하면 현재 철근콘크리트 인조석의 내진주가 있는 부분은 모두 벽돌벽체였던 것으로 보고 있으며, 바닥도 철근콘크리트조가 아닌 목조마루였음을 밝히고 있다. 지붕 역시 변형되었는데, 분쉬 사진에서 굴뚝 2개가 돌출되어 있음을 볼 수 있고, 오카다 미쯔구(岡田貢) 사진에서 다른 형태의 굴뚝 모습을 하였다가 이후에는 굴뚝 모습을 찾아볼 수 없어, 추후 자료 발굴을 통한 후속 연구가 필요하다. 문화재청, 덕수궁 정관헌 기록화 조사 보고서, 2004, p.53 참조

216. 동아일보 1921년 7월 25일자 기사에 "외국사신접견의 정면으로 지엇든 돈덕뎐"이란 내용을 통해서 사용되었던 용도를 잘 알 수 있다.

217. 덕수궁 복원정비 기본계획, pp.172~173 참조

218. 지그프리트 겐테는 돈덕전 공사 상황을 다음과 같이 묘사하고 있다. "……정동의 새 궁궐 바로 옆 해양 관세청이 들어설 부지에 러시아 관저를 모델로 현재 많은 비용을 들여 궁전을 새로 짓고 있다. 다만 좀 더 화려하고 위엄 있게 짓는다고 한다. 계속되는 지출로 비어가는 국고가 만약 지탱해 줄 수 있다면, 대기실과 기둥을 갖춘 베란다가 딸린 전체 건물은 튼튼한 화강암으로 세워 정말 장엄해 보일 것이다. 하여튼 황제가 몸소 새 궁전에 거주할지는 의문이다. 황제의 생활 습관도 아직 순수한 조선식이기 때문이다.……" 문화재청, 덕수궁 돈덕전 복원 조사연구, 2016, p.89~90 참조

또한 1901년 3월 28일 목요일 제4권 제64호 제국신문 3면 1단 기사[
"해관총세무ᄉ 빅탁안씨를 히고 ᄒ기로 외부에서 영국공관으로 죠회ᄒ
엿더니 영국공ᄉ 고빈ᄉ씨가 불가ᄒ다ᄒ며 그 죠회를 작환ᄒ고 외부대신
다려 와셔 ᄉ과ᄒ라 ᄒ엿다ᄂ디 그 ᄉ실인즉 슈월젼에 황실에셔 해관을
쓰시라고 빅탁안씨다려 해관을 빅일닉로 타쳐로 옴기라신 쳐분이게신지
라 양력 삼월팔일이 빅일되ᄂ 날인고로 궐닉 소용물품을 해관으로 옴기
더니 빅탁안씨ᄂ 몰으ᄂ 일이라ᄒ며 관인을 구츅ᄒ며 구츅ᄒ 연고 | 라
ᄒᄂ대 외무대신도 그ᄉ건으로 인연ᄒ야 샹소ᄉ기지 ᄒ일이더니 도로 무
ᄉ타텹이되고 해관집은 타쳐로 옴기게되엿다더라"] 참조. 여기서 빅탁안
은 총세무사 브라운(拍卓安)을 말한다.

219. "1902 May 3. The Treaty Powers were informed of the proposed celebration on October 18th, of the fortieth anniversary of the Emperor's accession to the throne, On July 11, the Treaty Powers were invited to send special envoys to this celebration. On September 30, the announcement was made that, owing to the cholera epidemic, this celebration would be postponed till "next summer". On October 14, it was announced that the deferred celebration would take place on April 30, 1903. **In connection with above celebration,** a large audience hall was begun in the palace enclosure. Also **an entertainment hall was begun on the site of the former residence of the Chief Commissioner of Customs, as well as the rebuilding of the Imperial Library, destroyed by fire.**"「Korea : Fact and Fancy」, p.225 참조.

220. 四月二十七日(陰四月初一日)月曜 …… 同二十八日 火曜

一 自上午十時至下午一時 各國公使及特使同伴前往外部하고 外部大臣 回謝
一 下午二時 惇德殿에셔 國書捧呈하고 陛見時入參人員은 着大禮服佩大綬章
덕수궁 복원정비 기본계획, p.129 참조

221. 고종실록 45권 고종 42년(1905) 2월 7일 양력 1번째기사 [돈덕전에 나아가 황태자가 시좌한 상태에서 청국의 교체된 공사 허태신(許台身), 신임공사 증광전(曾廣詮)과 궁내부 고문관 가토 마스오〔加藤增雄〕를 접견하였다(御惇德殿, 皇太子侍座, 接見淸國遞公使許台身, 新任公使曾廣詮及宮內府顧問官加藤增雄)], 고종실록 45권 고종 42년 2월 8일 양력 1번째기사 · 2월 15일 양력 1번째기사 · 2월 16일 양력 1번째기사 · 3월 2일 양력 8번째기사 · 6월 15일 양력 1번째기사 [돈덕전에 나아가 황태자가 시좌한 상태에서 일본 공사 하야시 곤노스께〔林權助〕를 접견하였다(御惇德殿, 皇太子侍座, 接見日本公使林權助)], 고종실록 45권, 고종 42년 2월 22일 양력 1번째기사 [돈덕전에 나아가 황태자가 시좌한 상태에서 일본 공사 하야시 곤노스께〔林權助〕와 군사령관 하세가와 요시미치〔長谷川好道〕를 접견하였다.(御惇德殿, 皇太子侍座, 接見日本公使林權助, 軍司令官長谷川好道)], 고종실록 45권 고종 42년 3월 2일 양력 1번째기사 · 고종 42년 6월 6일 양력 1번째기사 [돈덕전에 나아가 황태자가 시좌한 상태에서 미국 공사 패덕〔巴德: Gordon Paddok〕을 접견하였다.(御惇德殿, 皇太子侍座, 接見美國公使巴德)], 고종실록 45권 고종 42년 3월 13일 양력 2번째기사 [돈덕전에 나아가 황태자가 시좌한 상태에서 각 국의 공사, 영사와 일본국 군사령관을 접견하였다.(御惇德殿, 皇太子侍座, 接見各國公使,領事及日本國軍司令官)], 고종실록 45권 고종 42년 3월 15일 양력 1번째기사 [돈덕전에 나아가 황태자가 시좌한 상태에서 일본 공사 하야시 곤노스께〔林權助〕와 독일국 공사 크린〔口麟〕을 접견하였다(御惇德殿, 皇太子侍座, 接見日本公使林權助,德國公使口麟)],

고종실록 46권, 고종 42년 9월 20일 양력 1번째기사 [돈덕전에 나아가 황태자가 시좌한 상태에서 독일 공사를 접견하였다(御惇德殿, 皇太子侍座, 接見德國公使)] 등 참조

222. 덕수궁 복원정비 기본계획, p.90 참조

223. 돈덕전 철거 시기에 대하여 이연노는 다음과 같이 밝히고 있다. "돈덕전은 1927년 발간된 지적도 상에 존재하고 있는 것으로 그려져 있는데, 1932년~1933년의「덕수궁각건물배치도」상에서 그 존재가 사라져 있다. 그 사이에 돈덕전 건물이 훼철되었다는 것이다. 장서각에 소장되어 있는「돈덕전급창고배치도惇德殿及倉庫配置圖)」에 의하면 돈덕전 명칭 옆에 "취훼取毁"라고 기술하고 있어 곧 철거할 예정임을 알 수 있게 해주나 명확히 언제인지는 기술하고 있지 않다. 돈덕전은 조적조 건물로서 다른 곳으로 이건해 재활용하기가 곤란한 건축이었다. 따라서 이 건물은 이건되었다기보다는 철거되었다고 할 수 있는데, 경운궁내 가장 구석진 곳에 위치한 돈덕전을 무슨 이유로 철거했는지 그에 대해서는 더 많은 연구를 기대한다.『경성부사』에 실려 있는 경운궁 전경 사진에서 돈덕전의 주기는 보이지 않는다.『경성부사』가 비록 1934년에 출간된 도서이지만 이 사진은 1928년경에 촬영된 것이라 판단된다. 이 사진에 의하면 이미 영복당 오른편의 부속건물들이 이미 사라져 있으며, 또한 그 전체 배치가 1928년 발간된『경성부도시계획조사서』에 수록된 항공 사진과 거의 일치하고 있어 추정이 가능하다. 따라서 돈덕전은 1927년 이후 1928년 이전에 철거된 것으로 판단된다." 덕수궁 복원정비 기본계획, pp.167~168

224. 한국근대건축사연구, p.58

225. 구성헌과 마찬가지로 근대 건축의 특징인 좌우 비대칭 구성 경향의 반영

과 함께 웅장하고 화려하게 구성된 것을 볼 수 있다.

226. 석조전 보수 복원을 위해 찾아낸 도면에는 1층 표기가 Basement, 地下室, 地層으로, 2층 표기가 階下, 第一階, First Floor로, 3층 표기가 階上, 第二階, Second Floor로 되어 있고, 1층의 경우 지하층이 아니므로 3층 건물임을 알 수 있다. 이와 관련해서는 덕수궁 석조전 실측 및 수리보고서(2014), p.38 참조
참고로 매일신보 1910년 12월 3일자 기사에 석조전 공사의 전반적 과정을 설명한 내용이 있고, 이후 지속적으로 석조전 관련 내용이 게재되는데, 이 매일신보가 당시 조선총독부 기관지였음을 고려할 때 사실 왜곡 여부 파악이 필요하며, 또한 사실 그대로 기록된 별도의 사료를 지속적으로 찾아내어 분석할 필요가 있다.

227. 공사 감독은 초기에는 심의석(沈宜碩, 1854~19124), 사바찐, 그리고 후기에는 세관에 근무했던 영국인 헨리 데이비슨(Henry William Davidson), 일본인 기사 오가와(小川)가 마무리했다. 이때 일본인 건축가 다케모토(竹本力松)가 도왔다. 영국인과 일본인 간의 통역은 에밀 마르텔이 맡아 했다.(김정동,〈석조전을 고종황제에게〉,《덕수궁 석조전 복원공사 자료집》, p.184). 내부 공사의 경우 영국인 로벨(Lovell)이 총감독을 맡고, 영국 가구 회사 메이플이 시공 및 가구 납품을 담당하였다. 건축 공사 시작 전에 목재로 1/10 크기의 석조전 모형을 제작하였는데, 이 모형이 1900년 미국 건축잡지에 소개되었다(석조전 대한제국역사관, p.4 및 덕수궁 석조전 실측 및 수리보고서, p.36). 한편 준공 시기와 관련하여 李王家美術館要覽 1938년 6월 5일자 기록에는 1909년에 준공한 것으로 되어 있다.

228. 1938년 10월 1일부터 석조전을 '근대일본미술진열관'이란 이름으로 바꾸었고, 근대미술품을 수집, 진열하였다. 주로 일본작품이었다. 1945년

광복 후 정부는 이 건물을 개수하여 미소공동위원회 사무실로 쓰게 했다. 1948년부터는 유엔한국위원단이 사용했다. 1953년 6월부터 국립미술관으로 사용되었다. 한국전쟁 때 내부가 불타는 피해를 당한 후 1954년 육군공병단에서 수리했다. 서울이 수복된 후에는 덕수궁에 미국 병사들이 주둔하기 시작했다. 석조전은 그 본부였다. 덕수궁은 1962년 사적으로 지정되었다. 이후 정부는 계속 개보수하여 국립박물관, 국립현대미술관으로 사용하게 하였다. 김정동, 석조전을 고종황제에게, 덕수궁 석조전 본관 복원공사 자료집, p.188 참조

229. 덕수궁 석조전 실측 및 수리보고서, p.36

230. 석조전의 주가 되는 석공사에서 기초공사에는 창의문(彰義門)부근 세검정의 화강석이 사용되었고, 2-3층에는 동대문 밖 채석장 영풍정(英風亭)의 화강석을 사용하였다. 발코니와 옥상 난간 돌은 일본 이바라키켄 쯔쿠바(筑波) 산(山)의 석재를 가져와 썼다. 모래와 흙은 청계천에서 갖다 썼다 현 광화문 우체국 뒤 구 서린호텔 앞 개천 것이다. 그리고 청계천에서 덕수궁까지는 공사용 레일을 깔았다. 시멘트와 유리는 영국 상사(商社) 홈링거에서 수입했다. 덕수궁 석조전 본관 복원공사 자료집, p.186 및 李鏞善,「建設」, 1976. 7, p.38 참조

231. 현 석조전 규모는 건축면적 1,630.05㎡(493.09평), 연면적 4,122.52㎡(1,247.06평)이다. 덕수궁 석조전 실측 및 수리보고서, p.37 참조

232. 일본의 경우 서양식 건물은 처음에 서구 건축가(Josiah Condor, Alexander N. Hansell, Daniel Crosby Green, F. L. Wright, 리하르트 젤 등)가 담당하다가 후학 일본인(타케다고이찌武田五一, 쯔카모토야스시塚本靖, 엔도오아라타遠藤新, 후지이코오지藤井厚二 등)이

담당하게 된다. 도입 초기 이와사키 저택(岩崎邸. 東京都 台東區 소재. 양관은 Josiah Condor 설계. 목조. 1896년 건립)과 같이 한 대지 안에 서양식 건축물과 일본식 건축물을 별도로 짓기도 하고 동경부활대성당 교회(東京都 北區 소재. Josiah Condor 설계. 석조. 1887년 건립)와 같이 독립된 서양식 건물을 짓는데, 전자의 경우 서양 건축물을 목조로 건립함에 따라 서양 기둥 형태를 흉내 낸 외부 기둥을 볼 수 있다. 이 과정을 거쳐 시오리안(紫織庵. 京都市 中京區 소재. 양관 부분은 타케다고이찌 설계. 1926년 건립)과 같이 일식 건물 내 한 공간을 서양식으로 구성한 절충형 건물이 나타나는 것을 볼 수 있다. 그런데 이들 일본에서 만들어진 건축물에서는 서양 오더의 비례미와 아름다움에 대한 이해를 바탕으로 일본양식과 의장적으로 온전히 접목한 경우를 찾아볼 수 없다.

233. 그런데 최근 경운궁을 대상으로 궁궐 복원·정비 기본계획 외에도 석조전, 돈덕전, 중명전 등 개별 건축물에 대한 조사연구 성과와 조선왕조실록 번역 등이 이루어져, 경운궁을 제대로 살펴볼 수 있는 기초 사료들이 축적되었고, 이에 따라 경운궁의 본래 모습을 살펴볼 수 있게 되었다. 경운궁의 역사를 제대로 알고 복원하는 것은 대한제국 황궁의 본래 모습을 되찾는 것뿐만 아니라 왜곡된 역사를 바로 세우고 후세에 알리는 과정이기에 우리 모두의 관심이 그 어느 때보다도 필요하다.

234. 당시 총독부 기관지인 매일신보와 조선총독부 소속 오다쇼오고(小田省吾) 등이 이러한 역사 왜곡의 선봉에 섰다.

235. 이에 대한 상세한 내용은 최혜주, 小田省吾의 교과서 편찬활동과 조선사 인식, 동북아 역사논총 27호, 동북아역사재단, 2011, pp.279~314 참조. 참고로 오다쇼오고는 1933년 4월 1일부터 이왕직 실록편찬사업에 종사하여 1935년 3월 실록편찬위원을 그만둘 때까지 고종실록과 순종실록 편찬사업에 관여한 바 있다. 이와 관련하여 조선왕조실록은 조선

시대에 국왕이 사망한 후 다음 대에서 전임 국왕 때의 역사를 정리하여 연·월·일 순서에 따라 편년체로 기록한 역사서이다. 이 실록편찬은 전임사관이 국왕 옆에서 국왕의 행적을 매일 빠짐없이 기록한 사초와 겸임사관이 소속 관청에서 일어난 일들을 춘추관에 보고한 기록, 그 외 각 도의 도사(都事)나 수령 중에 임명된 외사(外史)가 각 지방에서 일어난 일들을 춘추관에 보고한 기록 등을 기본 사료로 하여 국왕 사후 개설한 실록청에서 초초(初草), 중초(中草), 정초(正草)의 3단계로 이루어졌다. 여기에는 국왕의 말과 행동, 대신·삼사 관원 등이 논의한 제반 정사, 중앙과 지방의 각 관아·관원이 왕이나 의정부·육조에 보고한 정사, 각종 견문사·비밀사·정치 득실·백관의 인물평 등이 기록되었으며, 조선 태조로부터 철종에 이르기까지 25대 472년간의 역사가 기록되어 있다(한국학중앙연구원 조선왕조실록 전문사전 및 한국민족문화대백과 참조). 이에 대하여 대한제국 황제였던 고종과 순종의 실록편찬은 일제 강점기에 일본의 지시 아래 이루어져 사실 왜곡이 심하였겠지만, 이들 황제가 행한 말과 행동 등 행적의 경우 왜곡된 해석을 담을 여지가 적어 그 역사적 사실들을 왜곡하기 쉽지 않으므로, 이들의 행적들을 실록에서 제외했을 가능성이 있을 것으로 보이며, 따라서 서양의 사료 발굴 등을 통해 그 내용을 보완할 필요성이 있겠다.

236. 경운궁의 정문 이름은 대안문(大安門)이었다. 그러나 종도리 장여에 넣은 1906년 4월 24일자 대한문 상량문(大漢門上樑文) 기록과 경운궁중건도감의궤와 고종실록 47권 고종 43년(1906) 4월 25일 양력 2번째기사 [重建都監儀軌堂上李載克奏: "慶運宮 大安門修理, 以陰曆四月十二日, 擇吉始役之意, 上奏." 制曰: "改以大漢門, 依所奏擧行."] 및 고종실록 47권 고종 43년(1906) 5월 1일 양력 1번째기사 [一日.【陰曆丙午四月八日】重建都監奏差大漢門上樑文製述官領敦寧李根命, 書寫官從一品尹用求, 懸板書寫官特進官南廷哲.] 등을 통해 양력 1906년 4월 25일에 이재극이 이해 음력 4월 12일, 양력으로는 5월 5일 수리 공사를 시작할 것을 상주하

여 허락받았고, 양력 5월 1일에 상량문 제술관이 임명되었다. 이로부터 볼 때 대한문 상량문 작성일 4월 24일은 음력임을 파악할 수 있으며, 따라서 양력으로 환산하면 5월 17일이 된다. 따라서 12일간의 짧은 기간에 간단한 수리 후 현판을 대한문으로 교체한 것을 알 수 있다. 러일 전쟁 후 을사늑약(1905) 등 일본의 본격적인 침탈 속에 1906년에 경운궁 정문 이름이 대한문으로 바뀌었고, 1907년에 고종 황제가 일본에 의해 강제 퇴위를 당하고 궁궐 이름이 덕수궁으로 바뀌었던 것을 볼 때, 오다쇼오고가 책 이름을 덕수궁으로 하면서 책에 실은 첫 번째 사진에서 대안문이 아닌 대한문 현판을 단 정문의 모습을 올린 것은 경운궁의 진실된 역사를 묻고 부정적이고 왜곡된 역사를 덧씌우고자 하는 이 책의 방향을 보여주고 있다고 하겠다.

237. ……時御所は極めて粗末で僅かに其の周圍に木柵を施したゞけであつたが ……其の後李恒福が兵曹判書となった時、周圍の木柵を改めて墻壁を築き、初めて宮闕らしき體裁となつたとある。李恒福の兵曹判書となつたのは宣祖三十一年戊戌の頃であるから、以て當時時御所なるものゝ大要を察知することが出来る。斯くて次王光海君を經て第十六代仁祖元年に至るまで此の狀態を繼續すること約二十五年であつた。德壽宮史, p.22

238. 오다쇼오고의 이같은 논리는 임진왜란 때 폐허로 남겨졌다가 고종 때 중건된 경복궁에 대하여, 고종 이전에 경복궁은 폐허로서 궁궐로 형편없었다고 주장하는 것과 같은 것이라 하겠다.

239. 景福宮は不吉なりご奏するものがあつて初より重建に着手しなかつたのである。(德壽宮史, p.23)

240. 仁祖以後の慶運宮は宮の名稱こそ存すれども其の內容は僅に前記兩家の外は何者も存して居らぬのであるから、之を一の堂々たる離宮と見るのは

當을 得ぬ의 である(인조 이후의 경운궁은 궁 명칭만은 존재하지만, 그 내용은 그저 앞서 기술한 두 집(陽川都正 李誠 및 桂林君 李瑠의 집) 외에는 그 누구도 없으므로, 이를 하나의 당당한 이궁으로 보는 것은 도리에 맞지 않는다). 德壽宮史, p.29

241. 명례궁에 대한 구체적 사항은 신명호의 논문(17세기 초반 명례궁(明禮宮)의 연혁과 기능, 조선시대사학보 제67집, 2013.12, pp.255~282)에서 잘 밝혀져 있는데, 그 개요를 정리하면 다음과 같다. 조선후기 궁중 재정기관의 역할을 하던 궁방(조선시대 왕실의 일부였던 宮室과 왕실에서 분가, 독립한 宮家의 통칭)으로서 壽進宮(齊安대군의 私第), 於義宮(인조의 潛邸), 龍洞宮(順懷세자의 舊宮)과 함께 4궁의 하나로 불리던 명례궁의 시원(始源)은 선조의 계비 인목대비의 친정집이었다. 조선전기에는 왕의 잠저(潛邸)뿐만 아니라 세자빈, 왕비, 대비의 친정집도 본궁이라 불렸으며, 본궁에는 소재지가 冠稱되었다. 인목대비의 친정집은 명례방(明禮坊)에 있었기에 명례궁, 명례 본궁, 新本宮 등으로 불렸다. 본궁의 재산을 관리하는 곳을 보다 구체적으로 말하면 서제소(書題所)였으며, 이곳의 책임자는 본궁 次知, 別坐 등으로 불렸다. 인목대비는 처음 명례궁에 서제소를 설치하였는데, 이는 친정아버지 김제남에게 재산관리를 부탁했기 때문이었다. 명례궁에 있던 서제소는 인조반정 이후 경운궁 즉조당으로 이전되었다. 이후 명례방의 인목대비 친정집뿐만 아니라 경운궁의 즉조당에 소재한 서제소 역시 명례궁으로 인식되었다. 하지만 인목대비가 인조10년(1632) 6월 28일에 세상을 떠난 후, 명례궁의 재산 및 관리는 내수사에 환수되었고, 명례방에 소재한 친정집은 큰 의미가 없어졌으며, 그에 비해 경운궁에 소재한 서제소는 여전히 명례궁의 재산을 관리하였으므로 명례궁을 대표하게 되었다. 이런 상황이 장기간 지속되면서 경운궁과 명례궁이 서로 혼용되는 결과를 가져왔다.

242. 然るに往々明禮宮と本宮とを混同する ものがあるから一言こゝに辨じ置

かねばならぬ。而して官撰の增補文獻備考の記事も亦頗る曖昧としたものであつて、決して信據することは出来ぬと思ふ。……イ。慶運宮は仁祖卽位以後明禮宮と改稱せられた。改稱の時は明示を缺く。ロ、爾後李太王の時に至るまで約二百數十年間明禮宮と稱せられたが、最近に至り李太王政變の結果一時露國公使館に移幸し、丙申(同王三十三年)露館より本宮に移御し再び慶運宮と改稱した(그런데 종종 명례궁과 본궁(경운궁)을 혼동하는 것이 있으므로 한마디 여기에 변별해 두지 않으면 안 된다. 그리고 관찬인 증보문헌비고의 기사도 역시 매우 애매한 것이 있으므로, 결코 신뢰할 수 없다고 생각한다. ……1. 경운궁은 인조 즉위 이후 명례궁으로 개칭되었다. (개칭 시기는 명시가 없다.). 2. 이후 고종 때에 이르기까지 약 2백 수십 년간 명례궁으로 칭해졌으나, 최근에 이르러 고종 정변의 결과 잠시 러시아공사관으로 옮겨가, 고종 33년에 본궁(경운궁)에 이어하여 재차 경운궁으로 개칭하였다)。德壽宮史, p.32~33

243. 숙종실록 8권, 숙종 5년(1679) 5월 22일 을묘 4번째기사 [임금이 호조에 명하여 획급미 50석과 면포 6동으로 경운궁 개수를 명했다(上命戶曹, 劃給米五十石,綿布六同, 修改慶運宮。)], 영조실록 67권, 영조 24년(1748) 1월 27일 임자 2번째기사 [환궁할 때 경운궁에 임어했는데, 선묘가 일찍이 임어했던 곳이었다(還宮時, 歷臨慶運宮, 宣廟曾所臨御也。)], 영조실록 116권, 영조 47년(1771) 1월 16일 무오 2번째기사 [지나는 길에 경운궁에 들러 궁호를 친히 써서 걸도록 하였다(歷臨慶運宮, 親書宮號以揭之)], 영조실록 120권, 영조 49년(1773) 2월 1일 경신 1번째기사 [임금이 경운궁으로 나아갔다. …… 임금이 추모하기 위하여 왕세손과 더불어 경운궁에 나아가 즉조당에서 사배례를 행하고 삼공과 구경에게 따라 들어오도록 명하여 예를 행하게 하였다(上詣慶運宮。……上因追慕, 與王世孫, 詣慶運宮, 行四拜于卽阼堂, 命三公九卿隨入行禮)] 등 참조

244. 德壽宮史, p.47의 기록 "西洋式建物で咸寧殿の北に在る。光武四年璿源

殿大火後太祖の影幀を奉安して一時慶運堂と稱したが、同五年璿源殿に還奉した。同六年欽文閣より高宗の御眞並に繼明閣より純宗(皇太子)の睿眞を一時此の軒に移安したが、後御睿眞を共に欽文閣に移奉した。"및 같은 책, p.78의 기록 "李太王殿下の時々來臨茶菓を召上られた所である。現在の建物は昔時と大に趣を異して居る。建築年月未詳である。(昔時の靜觀軒に就ては第四節參照のこと)" 참조

245. 덕수궁 돈덕전 복원 조사연구(문화재청, 2016 p.88)에서, "그리고 1899년 말에서 1900년 초에 휴식공간인 정관헌도 건축되었다."라고 한 것을 볼 수 있다.

246. 당시 이러한 일본 측의 기록 왜곡 배경을 알기 위해서는 일본 메이지 정부에 대한 이해가 필요하다.
첫 번째로 철저한 정보 수집과 감시로 260여 년 동안 무인 정권을 유지해 온 에도 정부를 무너뜨렸던 것에서 알 수 있듯이, 메이지 정부는 그 목적 달성을 위한 선전·홍보에 매우 탁월했다. 그 사례로서, 에도 시대 이래로 납세와 징병 등의 의무가 없었던 에타(穢多)와 히닌(非人) 등의 천민 계층에 대하여 일본 메이지 정부는 사민(四民) 평등이라는 용어를 사용하여 모두가 평등한 사회인 것으로 홍보하면서 이들 천민 계층에게 납세와 징병의 의무를 부과하였다. 이는 실제 신분상에 아무런 변화 없이 납세와 징병 의무를 부과할 목적으로 자국의 천민 계층을 대상으로 사민평등 사회라고 주장하였던 것인데, 일본 정부가 자국민을 대상으로 펼쳤던 선전의 본질을 잘 보여주고 있다.
이러한 선전·홍보 능력은 메이지 정부 초기에 에도 정부를 지지하던 기존 세력과 당시 혁명을 꿈꾸던 민중 세력 두 세력 모두의 힘을 약화시켜 가는 과정에서도 잘 살펴볼 수 있다. 즉, 민중에게 조세 반감 등 시행 불가능한 약속을 하여 민중 세력으로 하여금 옛 에도 정부 세력을 제거하도록 선동하였고, 그 목적이 이루어지면 곧바로 민중 세력을 처단함으로써

양측의 힘을 약화시켜 나갔다. 그 사례로 에도 출신인 사가라소오조오(相樂總三, 1839~1868)는 토바·후시미(鳥羽·伏見) 전투(1868년 1월 3일 교토 교외에 있는 토바·후시미에서 사쯔마한과 쵸오슈우한의 군사를 주력으로 한 메이지 정부군과 에도 정부군이 맞붙은 전투) 후, 오오미(近江 : 옛 나라 이름의 하나로 시가켄滋賀縣에 상당)에서 농민을 주력으로 한 군대인 세키호오타이(赤報隊)를 조직하였다. 그는 메이지 정부군보다 앞서 토오산도오(東山道 : 현재의 中部, 關東, 東北의 산지를 중심으로 하는 지대. 畿內七道인 畿內, 東海道, 東山道, 北陸道, 山陰道, 山陽道, 南海道, 西海道의 하나)에 들어가 각 마을에서 그 해의 조세(年貢) 반감을 명령하며 민중을 메이지 정부 편으로 만든 후, 압력을 행사하여 소규모 지방 정부로 하여금 메이지 정부에 충성을 맹세하게 하였다. 마침내 킨키(近畿 : 교토를 중심으로 한 지방. 오늘날의 교토京都, 오사카大阪, 효고兵庫, 나라奈良, 와카야마和歌山, 시가滋賀, 미에三重를 말함) 서쪽 지역을 확보하게 된 메이지 정부는 이용 가치가 없어진 세키호오타이(赤報隊)에 대하여 이들이 관군이 아니며, 폭행과 약탈을 한다고 하는 헛소문을 유포하면서, 신슈우(信州 : 시나노信濃국의 다른 이름)의 각 지방 정부에 세키호오타이 체포령을 내렸고, 1868년 3월 3일 사가라소오조오 등 간부를 사형하였다.(井上淸, 앞의 책, p.121)

두 번째로 일본 메이지 정부는 이전의 정부와 관련된 흔적들을 철저히 지워 이전의 모습을 알 수 없게 함으로써, 이전으로 되돌아 갈 수 없게 하는 정책을 추진하였다.

그 사례로 에도 정부를 지지했던 사찰인 칸에이지(寬永寺)를 불태우고, 그 자리를 우에노공원(上野公園)으로 개발하여 과거의 흔적을 철저히 지워버린 것을 볼 수 있는데, 역사와 기록에 대한 처리 방향을 잘 엿볼 수 있다. 이외에도 일본 메이지 정부 초기에 신도(神道) 이외의 종교를 허용하지 않았고, 이로 인해 서양 열강의 압력을 받아 기독교를 허용할 수밖에 없는 상황에서 그 유입 방지를 위해 불교를 인정하기 전까지, 범종과 불구(佛具) 등 불교 도구들을 모아 대포와 화폐를 만들고 승려들을 모두 환속시켰던 것도 여기에서 비롯하였다.

이러한 것이 가능했던 배경에는 일본 메이지 정부가 최고 연구·교육기관인 대학에서조차 국가 정책에 따르지 않는 것을 허용하지 않았던 것을 들 수 있다. 1892년 타이코쿠(帝國)대학의 쿠메쿠니타케(久米邦武; 1839~1931)교수가 "신도(神道)는 제천(祭天)의 옛 습속(神道ハ祭天ノ 古俗)" 논문을 쓴 후 신도 측 공격을 받아 해임된 이래로 많은 사례에서 볼 수 있듯이 메이지 정부가 들어선 이래로 1945년까지 교수직은 신분 보장을 받지 못했고 대학 자치와 학문 자유가 없었으며, 제2차세계대전 후 일본을 통치한 맥아더사령부의 교육 정책에 의해 비로소 교수 신분 보장과 대학 자치 및 학문 자유 확보가 가능해졌다.

이러한 일본 메이지 정부의 본질로 인해, 당시 이들이 만든 사료들은 자국민 지배를 위한 수단으로, 그리고 주변국에 대한 침탈과 강점 목적을 달성하기 위한 수단으로 작성되었고, 진실과 역사에 대한 은폐와 왜곡이 이루어졌던 것을 알 수 있다.

참고문헌

- 《宮闕志》
- 《宮闕誌》
- 《勉菴集》
- 《北闕圖形》
- 《北闕後苑圖形》
- 《承政院日記》
- 《朝鮮古蹟圖譜》
- 《朝鮮王朝實錄》
- 국립고궁박물관, 《대한제국 잊혀진 100년 전의 황제국》, 2010
- 국립고궁박물관, 《조선왕실의 건축, 창덕궁 학술연구》, 2011
- 국립고궁박물관·서울대학교 규장각한국학연구원, 《100년 전의 기억, 대한제국》, 국립고궁박물관, 2010.6.29.~8.29
- 국립문화재연구소, 《덕수궁 미술관 설계도》, 2014
- 국립문화재연구소, 《북궐도형》, 2006
- 문화재청, 『경복궁 변천사 - 경복궁 변천과정 및 지형분석 학술조사 연구용역』(상)·(하), 2007
- 문화재청, 『경복궁 복원기본계획』, 2009,
- 문화재청, 《덕수궁 돈덕전 복원 조사연구》, 2016
- 문화재청, 《덕수궁 복원·정비 기본계획》, 2005
- 문화재청, 《덕수궁 석조전 본관 복원공사 자료집》, 2011
- 문화재청, 《덕수궁 석조전 실측 및 수리보고서》, 2005
- 문화재청, 《덕수궁 정관헌 기록화 조사 보고서》, 2004
- 문화재청, 《덕수궁 중명전 보수·복원 보고서》, 2009

- 문화재청,《대한문 수리 보고서》, 2014
- 문화재청,《대한제국 1907 헤이그 특사》, 2007
- 문화재청,《석조전 대한제국역사관》, 2015
- 문화재청,《환구단 정밀실측조사보고서》, 2012
- 문화재청 창덕궁관리소,《일본 궁내청 소장 창덕궁 사진첩》, 2006
- 서울특별시,《화계사 실측조사 보고서》, 1988
- 한국학중앙연구원,『한국민족문화대백과사전』,
- 강만길,《고쳐 쓴 한국근대사》, 창작과 비평사, 1998
- _____,《한국근대사》, 2판, 창작과 비평사, 1984
- 김영배, 〈한말 한성부 주거형태의 사회적 성격 – 호적자료의 분석을 중심으로〉, 대한건축학회논문집 7권, 2호, 1991
- 김성도,《근대 일본 사회와 문화》, 도서출판 고려, 2008
- _____,《근대기 한일 불교 건축》, 도서출판 고려, 2010
- _____,《근대 유산의 보존과 활용 : 근현대 문화재》, 도서출판 고려, 2012
- _____,《건축 문화재 이야기》, 도서출판 고려, 2014
- _____, 〈조선시대말과 20세기 전반기의 사찰 건축 특성에 관한 연구 – 서울·경기 일원의 불전을 중심으로〉, 고려대학교박사학위논문, 1999
- _____, 〈경복궁의 역사와 복원방향〉, 서울시 역사문화재 분야 관련 전문가 간담회(2018.2.1) 발표 자료
- _____, 〈고종조 중창된 경복궁 후원의 건축물 등 규모 분석 연구〉, 대한건축학회 춘계학술대회(2018.4.26.) 발표 논문
- _____, 〈고종조 중창된 경복궁 후원 영역 및 건축 규모 분석 연구 – 국립문화재연구소 소장본 북궐후원도형 및 북궐도형을 중심으로〉,《대한건축학회논문집 계획계》, Vol.34 No.08, 2018
- _____, 〈대한제국의 격동적인 역사가 담기다 : 대한제국의 황궁, 경운궁의 서양 건축물〉,《대한제국, 세계적인 흐름에 발맞추다》, 국립고궁박물관 2017

년 왕실문화 심층탐구 발표(2017.6.23.) 자료
- 김성도·片桐正夫, 〈19세기 일본 불교 건축의 특성 연구 – 수도권 일원 사찰의 불전 건축 의장을 중심으로〉,《대한건축학회논문집 계획계》, 22권 7호, 2006
- 사진으로 보는 서울 : 개항 이후 서울의 근대화와 그 시련(1876~1910), 서울특별시사편찬위원회, 2002
- 신명호, 17세기 초반 명례궁(明禮宮)의 연혁과 기능, 조선시대사학보 제67집, 2013.12
- 신혜원·한동수, 〈덕수궁 정관헌의 양식 고찰에 관한 연구〉,《대한건축학회 창립60주년기념 학술발표대회논문집》, 제25권 제1호 통권 제49집, 2005
- 주남철,《개정판 한국건축사》, 고려대학교출판부, 2006
- _____, 〈경복궁 궁제와 삼문삼조〉,《한국건축역사학회》, v.23 n.5, 2014
- 윤일주교수 논문집편찬회 편,《한국근대건축사연구》, 기문당, 1988
- 한우근,《한국통사》, 26판, 을유문화사, 1983
- 《사진으로 보는 한국 100년사》
- 《韓國風俗人物史跡名勝寫眞帖》
- 《韓末宮中關係寫眞帖》
- 《아펜젤러 사진첩》(배재학당역사박물관소장)
- 최석로《사진으로 본 조선시대 민족의 사진첩》Ⅰ, 서문당, 1994
- 동아일보(1921.7.25.)
- 서울신문 (2018.8.10.)
- 경북매일(2006.8.21.
- 조선비즈(2013.12.4.)
- 제국신문(1901.3.28.)

- 《Corea Coreani》, 1904

- E.Burton Holmes, 《Burton Holmes Travelogues》, 1919(1908)
- Spencer J. Palmer, 〈Korea：Fact and Fancy〉, 《Asian Collection》, Library Brigham Young University
- 〈The Burning of Palace〉, 《Korea Review》, 1904.4
- John W. Hall, Marius B. Jansen, Madoka Kanai, Denis Twitchett, 《The Cambridge History of Japan Vol.5 The Nineteenth Century》, Cambridge University Press, 1989
- W.G. Beasley, 장인성譯, 《일본 근현대사》, 을유문화사, 1996

- 京城府, 《京城府史》 제1권, 1934
- 高橋亨, 《李朝佛敎》, 國書刊行會, 1963
- 圭室諦成 監修, 《日本佛敎史 Ⅲ 近世・近代篇》, 法藏館, 1977
- 吉田久一, 《日本近代佛敎史硏究》, 吉川弘文館, 1992
- 吉田久一, 《日本近代佛敎社會史硏究》, 吉川弘文館, 1964
- 大塚久雄, 《宗敎改革と近代社會》, みすず書房, 1948
- 渡邊 豪・二宮謙次郎, 《朝鮮名勝記》, 1910
- 《歷史公論 1 近代日本の反體制運動》, 雄山閣, 1985
- 歷史學硏究會・日本史硏究會編, 《講座日本歷史 5 近世 Ⅰ》, 東京大學出版會, 1989
- 峰島旭雄編, 《近代日本の思想と佛敎》, 東京書籍, 1982
- 杉崎大愚・石井敎道・三浦一道・桐溪順忍・寺沼琢明・山田無文・赤松晋明・山田靈林・茂田井敎亨, 《講座佛敎 第Ⅶ卷 日本佛敎の宗派》, 大藏出版株式會社, 1958
- 小栗純子, 《近代佛敎：政治と宗敎と民衆》, 佼成出版社, 1972
- 小田省吾, 《德壽宮史》, 李王職, 1938
- 雲藤義道, 《明治の佛敎-近代佛敎史序說》, 現代佛敎叢書, 1956

- 櫻井匡,《明治宗敎史硏究》, 春秋社, 1971
- 田中秀和,《幕末維新期における宗教と地域社會》, 清文堂出版, 1997
- 赤澤史朗,《近代日本の思想統動員と宗教統制》, 校倉書房, 1985
- 井上淸,《日本の歷史》中, 岩波新書, 1972
- 井筒雅風 외 18人,《大法輪選書：日本佛敎宗派のすべて》, 大法輪閣, 1981
- 中村元·笠原一男·金岡秀友,《アジア佛敎史 日本編Ⅶ 江戶佛敎》, 佼成出版社, 1972
- 池田晃淵,《德川幕府時代史》, 早稻田大學出版部, 1965
- 靑柳南冥,《朝鮮宗敎史》, 駸駸堂, 1911
- 村上直編,《近世神奈川の硏究》, 名著出版, 1975
- 澤博勝,《近世の宗敎組織と地域社會》, 吉川弘文館, 1999
- 統監府,《韓國寫眞帖》, 1910
- 鶴見俊輔 외 5인,《日本の百年 10 御一新の嵐》, 筑摩書房, 1964
- 戶頃重基,《近代日本の宗教とナショナリズム》, 富山房, 1966
- 高柳光壽·竹內理三 編,《日本史辭典》, 角川書店, 1982
- 《建築大辭典》, 彰國社, 1988
- 《國史大辭典》, 吉川弘文館, 第1卷~第14卷, 1979~1993
- 金岡秀友編,《佛敎宗派辭典》, 東京堂, 1977
- 新村出編,《廣辭苑》第4版, 岩波書店, 1991
- 人文社編集部,《新全國地名讀みがな辭典》, 人文社, 2000
- 日本大辭典刊行會編,《日本國語大辭典》, 小學館, 第1卷~第20卷, 1972~1976
- 村上重良,《日本宗敎辭典》, 株式會社 講談社, 1978

자료 출처 및 소장처

제목	수록 도서 또는 출처	소장처 또는 소장자/작성자
고종 황제가 직접 쓴 글씨로 경운궁 즉조당에 걸려 있던 경운궁 현판	–	국립고궁박물관
오늘날의 경운궁 전경	(촬영일자 : 2018.6.30)	김성도
고종 및 왕세자(훗날의 순종) 모습	–	국립고궁박물관
1895년 건립을 명하여 1897년 건립된 환구단 영역 부분 발췌	Burton Holmes Travelogues, 1919(1908)	국립고궁박물관
1901년경 경운궁 전경	Burton Holmes Travelogues, 1919(1908)	국립고궁박물관
공원화된 경운궁과 황궁우의 1935년경 전경	환구단 정밀실측조사보고서, p61 / 伸び行く 京城電氣	국립중앙도서관
칸에이지(寬永寺)의 키요미즈도오(淸水堂) 벽체에 걸린 우에노 전투 모습	(촬영일자 : 2003.9.6)	김성도
1849년 에도성(江戸城) 배치도	–	김성도
1868년경 일본 지도 및 지명	근대 일본 사회와 문화, p.41	김성도
러일 전쟁을 모의했던 무린안 요오칸(無鄰庵 洋館) 외관 모습	(촬영일자 : 2003.2.24)	김성도
러일 전쟁을 모의했던 무린안 요오칸(無鄰庵 洋館) 회의실 내부 모습	(촬영일자 : 2003.2.24)	김성도
판재로 벽체를 구성한 백련사 약사전 모습(1891년경 건립)	(촬영일자 : 2010.10.24)	김성도
판재로 화반벽을 구성하고 양각하여 단청으로 화반모습을 나타낸 안국동별궁 경연당 모습(1880년 건립)	(촬영일자 : 2006.2.3.)	김성도
흥선대원군 모습	–	국립고궁박물관
최익현 초상(채용신 그림)	–	국립중앙박물관
고종 모습(1884년경 창덕궁 후원 농수정 앞 촬영)	–	국사편찬위원회
1890년 건립된 주한러시아공사관 모습	韓國風俗人物史跡名勝寫眞帖	국립중앙도서관

제목	수록 도서 또는 출처	소장처 또는 소장자/작성자
1890년 건립된 주한영국공사관 모습	韓國風俗人物史跡名勝寫眞帖 / Angus Hamilton, Korea, 1904	국립중앙도서관
1897년 건립된 주한프랑스공사관 모습	석조전 대한제국역사관, p.49	국립중앙도서관
1898년 건립된 명동성당 전경	(촬영일자 : 2009.9.22)	김성도
1898년 건립된 독립문 전경	(촬영일자 : 2009.11.24)	김성도
1906년 건립된 익산 나바위성당 전경	(촬영일자 : 2016.2.23)	김성도
1908년 건립된 대한의원 전경	(촬영일자 : 2015.6.12)	김성도
북궐도형 및 북궐후원도형으로 본 경복궁 배치도	고종조 중창된 경복궁 후원 영역 및 건축 규모 분석 연구	국립문화재연구소
현황 도로와 북궐도형 및 북궐후원도형을 중첩하여 본 경복궁 배치도	–	김성도 · 김한길
경복궁 전경(1896년 모습)	京城府史 第三卷	–
경복궁 전경(1876-88년 모습)	경복궁 복원 기본 계획, p.6~7	국립중앙도서관
경복궁 정면 전경(1906-7년 모습)	독일인 헤르만 산더의 여행	국립민속박물관
삼청동천에서 본 경복궁 동십자각 모습 (1906-7년 모습)	독일인 헤르만 산더의 여행	국립민속박물관
전기와 전신 시설 추진 결과 갖추어진 1905년경 대한제국 우전선로도본(郵電線路圖本)	100년 전의 기억, 대한제국, p.98	국립고궁박물관
프랑스의 주간 화보지 『Le Petit Journal(1900.12.16)』에 실린 파리 만국박람회장(1900년 4월 개최)에 세워진 한국관 모습	100년 전의 기억, 대한제국, p.33	국립고궁박물관
1887년 3월경 미국 에디슨 전기회사의 시설 설치 후 경복궁 건청궁 옥호루 앞 전등 모습	Burton Holmes Travelogues, 1919(1908)	국립고궁박물관
대한제국공사관 모습	–	美 헌팅턴라이브러리/ 국외소재문화재재단 제공
대한제국공사관 내부 모습(좌,우)	–	美 헌팅턴라이브러리/ 국외소재문화재재단 제공
러시아공사관 전경	Burton Holmes Travelogues, 1919(1908)	국립고궁박물관

제목	수록 도서 또는 출처	소장처 또는 소장자/작성자
아관 파천 당시 고종이 머물렀던 러시아 공사관 내 침실 모습	李王宮祕史	국립고궁박물관
대한제국 시기 기차	Burton Holmes Travelogues, 1919(1908)	국립고궁박물관
1899년 5월 4일 흥인지문 앞에서 흥인지문과 홍화문 사이를 잇는 우리나라 최초의 전차 개통식 모습	100년 전의 기억, 대한제국, p.108	서울역사박물관
최신경성전도(1907)의 경운궁 전면 방사상 도로 계획	석조전 대한제국역사관, p.62	서울역사박물관
고종의 경운궁 이어 당시 알렌(H. N. Allen 1858-1932)의 정동 주변 스케치(1897)	덕수궁 복원정비 기본계획, p.175 / 대한제국 1907 헤이그 특사, p.37	-
1897년경의 경운궁과 주변 현황 (덕수궁 복원정비 기본계획을 바탕으로 정리)	덕수궁 복원정비 기본계획, p.188	-
1902년 완공된 중층 중화전 모습 (1904년 4월에 화재로 소실됨)	석조전 대한제국역사관, p.73	국립고궁박물관
1902년 대안문 및 우측의 원수부 전경	고종의 독일인 의사 분쉬	-
수원 화성 성곽 전경	(촬영일자 : 2007.3.7)	김성도
대방 건축물 시각개념도	사찰 대방 건축, p.72	김성도
남양주 흥국사 대방 전경	(촬영일자 : 2011.1.20)	김성도
남양주 흥국사 대방 배치도	사찰 대방 건축, p.62	김성도
정관헌 모습	(촬영일자 : 2011.1.25)	김성도
경운궁 내 서양식 건축물 위치 (1907~1910년경 배치도)	덕수궁 복원정비 기본계획, p.537	-
1904년 경운궁 화재 당시 허버트가 작성한 배치도에서 원수부 위치	덕수궁 복원정비 기본계획, p.33	-
경운궁 입구부의 원수부 및 인접 망루 위치(1907년~1910년경)	덕수궁 복원정비 기본계획, p.537	-
원수부 전경 부분 발췌 사진	100년 전의 기억, 대한제국, p.54	국립고궁박물관

제목	수록 도서 또는 출처	소장처 또는 소장자/작성자
1896년경의 경운궁 대안문 및 우측편 원수부 모습	-	정성길 (대구동산병원 명예박물관 장)
원수부 내 육군법원 현판 모습	-	국립고궁박물관
태평로변의 궁역 축소 과정 및 원수부 훼철	덕수궁 복원정비 기본계획, p.182	-
대안문 앞 원수부 모습	-	국립고궁박물관
경운궁 대안문 및 우측편 원수부 모습	-	국립고궁박물관
1897년경의 경운궁 내 수옥헌 위치	덕수궁 복원정비 기본계획, p.188	-
알렌(Allen)의 정동지역 스케치(1897)에서 보이는 수옥헌(King's Library)	덕수궁 복원정비 기본계획, p.175	-
수옥헌 전경(1899년 3월 아펜젤러 촬영 사진 부분확대)	아펜젤러 부부의 앨범	배재학당역사박물관
재건된 수옥헌(중명전) 1907년경 정면 현관 모습	-	국립고궁박물관
재건된 수옥헌(중명전)의 변형된 옛 모습	德壽宮史, 圖版七	국립중앙도서관
재건된 수옥헌(중명전) 복원 후 모습	(촬영일자 2015.7.3)	김성도
1904년경 배치도에서 구성헌 위치	덕수궁 복원정비 기본계획, p.179	-
1900년 총해관공소 지도상 구성헌 위치	경운궁 돈덕전 복원 조사연구, p.87	-
우측 가장자리의 구성헌 모습 (1899년 3월경)	덕수궁 복원정비 기본계획, p.373	배재학당역사박물관
중화전 좌측 후면의 구성헌 전경	朝鮮名勝記, 1910 / 덕수궁 복원정비 기본계획, p.376	-
구 러시아공사관 쪽에서 바라본 1900년초 구성헌 전경	덕수궁 돈덕전 복원 조사연구, p.86	국립중앙도서관
1902년의 정관헌 모습	고종의 독일인 의사 분쉬	-
1930년 이전의 정관헌	덕수궁 정관헌 기록화 조사 보고서, p.52	국사편찬위원회

제목	수록 도서 또는 출처	소장처 또는 소장자/작성자
정관헌의 영친왕(하정웅 기증)	–	국립고궁박물관
정관헌 전면 어간 상부 상세	(촬영일자 : 2011.1.25)	김성도
정관헌 기둥 모습	(촬영일자 : 2011.1.25)	김성도
정관헌 전경	(촬영일자 : 2011.1.25)	김성도
돈덕전 정면 전경	일본 궁내청 소장 창덕궁 사진첩	–
1904년경 배치도에서 돈덕전 위치	덕수궁 복원정비 기본계획, p.179	–
1900년 총해관공소 지도상 돈덕전 위치	경운궁 돈덕전 복원조사 연구, p.87	–
L'ILLUSTRATION에 게재된 돈덕전 입면모습	–	국립고궁박물관
돈덕전 내 어침실	日本之朝鮮, 1911	국립고궁박물관
돈덕전 1층 복원 평면도	경운궁 돈덕전 복원조사 연구, p.218	–
돈덕전 2층 복원 평면도	경운궁 돈덕전 복원조사 연구, p.219	–
석조전 전면 모습	–	국립중앙박물관
석조전 정면도 및 배면도 (일본 하마마쯔 시립도서관 소장 청사진)	석조전 대한제국역사관, p.92	국립고궁박물관
석조전 우측면도 (일본 하마마쯔 시립도서관 소장 청사진)	석조전 대한제국역사관, p.93	국립고궁박물관
석조전 내부 모습	韓末宮中關係寫眞帖, 1918	서울대학교박물관
석조전 내부 모습	韓末宮中關係寫眞帖, 1918	서울대학교박물관

찾아보기

ㄱ

경운궁(慶運宮) 22
갑신정변 24, 59
강화도 조약 49, 135
개방 정책 59
개항 34
개항장 34
건식 기법 47
건청궁 138
견종법 130
경농재 52
경농재 영역 139
경복궁 31, 59
경복궁 건립 48
경복궁 궁제와 삼문삼조 143
경복궁 규모 52
경복궁 면적 141
경복궁 배치도 53, 54
경복궁 전체 규모 142
경복궁 좌향 55, 142
경복궁 중건 48, 52
경복궁 후원 141
경복궁 후원 면적 52

경우궁 109
경운궁 59
경운궁 대화재 83
경운궁 보수 23
경운궁 시대 22
경운궁 시대의 사전 준비 63
경운궁의 보안 68
경운궁의 시대 59
경운궁 축소 과정 79
경운궁 훼철 99
계축옥사 23
고종 즉위(卽位) 무렵의 상황 45
고종 친정(親政) 무렵의 상황 48
고카죠오노세이몬(五力條誓文) 124
고종 45, 48
고종실록 168
고종의 경운궁 시대 준비 59
고종 황제 90
고종 황제 즉위 40주년 칭경예식 89
곤뇨(嚴如) 126
공명첩(空名帖) 132
공원화 사업 67
광작(廣作) 농업 45
광무 황제 68

광작 130
광해 22
광화문 월대 복원 사업 141
교수 신분 보장 175
교토 조정 35
구성헌 70, 83, 160
국가 세원(稅源) 확대 48
국교(國敎) 취급 124
국가 조직 개혁 64
국교 42
국교 개방 48
국내 전보 규칙 안건 반포 63
국내 철도 규칙 반포 63
국왕의 호위와 치안 강화 64
국제우편연맹 가입 60
국제적 사조 96
군사 통솔 76
궁궐 공원화 정책 29
궁궐 훼철 67
궁성 139
궁장 52, 53, 139
귀농 신청서 40
그로(Jean Baptiste Louis Gros) 남작 117
그리스식 신고전주의 양식 95
근대 건축 문화재 154
근대 건축의 현장 67
근대적 서양 건축물 66, 70
근대적 서양식 건축물 27
근대적 양식 92
근대화 사업 64

금난전권(禁難廛權) 133
기죠오(議定) 35
기근 33
기독교 금제 114
기독교 금지 명령 124
기독교 금지 정책 40
기독교 금지 제도 114
기독교도 32
기독교 박해 41
기독교 유입 금지 41
기독교 유입 방지 41
김만식(金晩植) 137
김병시(金炳始) 136
김관선 144
김제남 23
김직재의 옥 23

ㄴ

납속보관(納粟補官) 132
내장 140
노보키예프스코(Novokievskoe) 144
농민 봉기 33, 115, 123
농종법 130

ㄷ

다이묘오(大名) 32
단카(檀家) 113
단카(檀家) 제도 32, 126
덕수궁(德壽宮) 22
단나데라(檀那寺) 113
단층 중화전 97
대안문(大安門) 97, 169
대원수(大元帥) 156
대한문(大漢門) 97
대방 71, 154
대방 건축물 시각개념도 72
대신 22
대안문 68
대원군 탄핵 상소 134
대유재 52
대한제국 27, 83, 147
대한제국 수립 준비 65
대한제국 시기 기차 64
대한제국 시대 96
대한제국역사관 95
대한제국의 황궁 경운궁 68
대한제국 황궁 27, 65
대한제국 황실 86
덕수궁사(德壽宮史) 96
덕수(德壽) 112
덕수궁 28
덕수궁사 67, 96
덕수궁 시대 27

도시계획 65
독살 의혹 146
돈덕전 70, 89, 112, 160
돌출된 페디먼트 95
동지(同志) 일치의 의견 127
동학농민군 60
동학농민운동 59, 60, 145

ㄹ

러시아 111
러시아공사관 60, 109
러일 전쟁 27, 43, 44
로벨(Lovell) 166
로코코풍 95
루카 136

ㅁ

마나베아키카쯔(間部詮勝) 127
마쯔시로한(松代藩) 120
마쯔에한(松江藩) 37
마튜닌(Matiunin, N. G.) 144
만국박람회장 61
만일염불회 154
말사 32

망대 76
매일신보 166, 168
메이지(明治)왕 옹립 정부 35
메이지(明治) 정부 42
메이지 정부(明治政府) 40
메이지 신정부 37
메이지왕 44
메이지왕 옹립 정부 40
메이지 정부 31, 41, 42, 120, 124
메이플 166
명복(命福) 45
명성왕후 60
명성왕후 시해 사건 24
모토오리노리나가(本居宣長) 42
모내기법 130
목적 달성을 위한 선전·홍보 173
몰락 양반 131
무역항 34
문호 개방 135
문호 개방 압력 33
미국박람회 60
미국 에디슨 전기회사의 시설 61
미우라 공사 146
민란 115
민심 이반 115
민영환 64
민중 32
민중 봉기 37, 115

ㅂ

박규수 49
반상(班常) 관계 47
반정부 세력 34, 35, 42, 118
반정부 세력 간 동맹 체결 118
배불론(排佛論) 115
배불 사상 115
배타적 국수주의자 118
백성들이 의지할 수 있는 표준 63
백성을 아끼고 사랑하는 부모된 존재 63
법궁 22, 23
베베르(Karl I. Waeber) 136
벽돌조 망대 68, 70
별방제 130
복합형 법당 154
본사 32
부농층 45, 133
북궐도형 52
북궐후원도형 52
분고(豊後)·히타(日田) 지역 123
불교 말살 정책(廢佛毀釋) 40
불평등조약(安政五か國條約) 34
불교 40
불교계 32, 41
불교도 32
불교 말살 123
불교 말살 정책 122
불평등조약 136
브라운(John McLeavy Brown) 93

189

비대칭 형태 92
빈전(殯殿) 148
빈전(태원전) 55

ㅅ

사도(佐渡) 40
사민(四民) 평등 173
사상인층(私商人層) 133
사이고오타카모리(西鄕隆盛) 35, 42
사쯔마한(薩摩藩) 40, 118
사면 반포 24
사바찐 80, 158, 166
사유재산제 130
산요(參與) 35
산죠오사네토미(三條實美) 44
삼문삼조(三門三朝) 55
상납금 32, 114
상설 조폐기관 149
상왕 112
서구적 근대 건축 71
서구적 근대 건축의 사례 72
서궁 23, 106
서인 23, 107
석조전 70, 93
선동 정책 37, 120
선원전 55
선조 22, 96

세관(稅關) 159
세도 정권 129
세도 정치 45, 47
소노다슈우에(薗田宗惠) 126
소오사이(總裁) 35
소작료 금납화 45
속방화(屬邦化) 정책 59
쇄국 정책 33, 48
쇼오군(將軍) 제도 폐지 35
쇼오기타이(彰義隊) 35
쇼오카손쥬쿠(松下村塾) 127
수강궁(壽康宮) 112
수렴청정 45, 48, 129, 134
수옥헌 70, 80, 157
수원 화성 71, 130, 154
순명효황후 민씨(純明孝皇后 閔氏) 110
순조 45
순종 28, 111
순종실록 168
슈우몬아라타메야쿠(宗門改役) 114
슈우몬아라타메쵸오(宗門改帳) 114
슈우시닌베쯔아라타메쵸오(宗旨人別改帳) 113
슈펠트(Robert W. Shufeldt) 136
스기무라 서기관 146
스타인 41, 125
승려의 사유재산제 45
승정원 22
시모다(下田) 33
신도(神道) 42, 121
신부쯔분리(神佛分離) 정책 40

신헌(申櫶) 135
신도 40
신도 국교화 41, 121, 125
신도 국교화 정책 40, 41
신문문 52, 140
신문문 남쪽의 궁성 면적 52
신분 질서 47
신성한 처소 99
신식 의료 시설 도입 60
신정왕후 128
신헌 136
실학사상 45
실학자 45
심의석 166

양무운동(洋務運動) 135
양민(良民) 확보 48
어니스트 토머스 베델 153
어진 86
에노모토타케아키(榎本武揚) 120
에도바쿠후(江戶幕府) 정권 113
에도성(江戶城) 35, 120
에도성(江戶城) 배치도 36
에조가시마(蝦夷島) 공화국 37
에타(穢多) 173
에도 시대 32
에도 정부 31, 32, 37
에도 정부군 37
엘진(Elgin) 117
엠마 크뢰벨 91
역사 왜곡 67, 99
연향의 용도 80
연회장 89
염불 전용 법당 154
염불 전용 복합 불당 71
영건 도감 52, 138
영국군 주둔 지역 117
영어 전문 교육기관 수립 60
영조 24
영창대군 23
오다쇼오고(小田省吾) 67, 96, 159, 168
오오쿠마시게노부(大隈重信) 42
오오쿠보토시미찌(大久保利通) 42, 126
오오토리케이스케(大鳥圭介) 145
오쿠다이라켄스케(奧平謙輔) 40

ㅇ

아라이하쿠세키(新井白石) 115
아관 109
아관 파천 25, 63, 64, 76, 144
아관 파천 시기 68
아치 아케이드 82, 85, 92
아펜젤러 80
아펜젤러 사진첩 159
안세이고카코쿠(安政五か國)조약 116
안세이노타이고쿠(安政の大獄) 127
알렌 80, 89, 157
야마자키안사이(山崎闇齋) 115

오쿠무라죠오신(奧村淨信) 126
오키 섬(隱岐諸島) 37
오얏꽃무늬 95
옥당 22
왕정복고(王政復古) 35
왕권 행사 48
왕권 확립 31, 52
왕정복고 국가 40, 42
왕태자비 25, 63
왕태후 25, 63
왜곡된 역사 96
외교력 강화 65
요시다쇼오인(吉田松陰) 42, 127, 128
요새화된 궁궐 68
요코하마 주둔군 117
우체사 설치 안건 공포 63
운양호 사건 44, 49
원수부 68, 70, 74, 76
원수부 건축물 74, 79
원수부 규칙 74
원수부 내 육군법원 현판 77
월산 대군 22, 102
월산 대군 사저 시대 97
위안스카이 145
윌리스(George O. Willes) 136
윌리엄 모리스의 붉은 집 161
유교 규범을 완성한 법궁 55
융무당 52
융무당 영역 139
융문당 52

융문당 영역 139
은상 살해 사건 23
을미사변 68, 146
음력 109
이모작(二毛作) 45
이시카와슌타카(石川舜台) 126
이앙법(移秧法) 45
이와쿠라토모미(岩倉具視) 41
이이나오스케(井伊直弼) 118
이찌부긴(一分銀) 34
이타가키타이스케(板垣退助) 44
이궁 105
이노우에 공사 146
이모작 130
이앙법 130
이어 23, 52, 105
이오니아식 기둥 95
이용태 145
이윤용 28, 112
이찌부긴 117
인목대비 22
인조 23
인조반정 134
일본의 경운궁 훼철 67
일본의 만행 63
일본의 침탈 27
일본 측의 기록 왜곡 배경 173
일본 토속 신앙 42
일제 강점기 28, 96, 112
임오군란 24, 49, 59

임진왜란 24, 68

ㅈ

자국민 지배를 위한 수단 175
자본주의적 생산 체계 71
자생적 근대 건축 71
자생적 근대 건축의 성립 배경 71
자생적 근대화 45
자생적인 근대 건축 71
자연 재해 33
장례식 독점 권한 32
장례의식 55
적극적 문호 개방 49
전(前) 해관(海關) 83
전기와 전신 시설 추진 60
전보사 관제 반포 63
전보사 설치 안건 공포 63
전주화약 60
전통적 한식 궁궐 건축물 27
전환국 149
전환국 관제 반포 63
접견실 83
정한론(征韓論) 42, 119
정관헌 70, 72, 86, 97, 99
정릉동 행궁 22, 102
정릉동 행궁 시대 22
정변 35

정조 45
정한론 42
제정일치(祭政一致) 40, 42
제국 수립 준비 60, 63
제물포조약 44, 60
제임스 비들(James Biddle) 제독 116
조로 수호 통상 조약(朝露修好通商條約) 137
조미 수호 통상 조약(朝美修好通商條約) 49
조불 수호 통상 조약(朝佛修好通商條約) 137
조영 수호 통상 조약(朝英修好通商條約) 49
조영하(趙寧夏) 136
조오죠오지(增上寺) 122
조이 수호 통상 조약(朝伊修好通商條約) 136
조 대비 45, 47
조미 수호 통상 조약 136
조병갑 60
조선고적도보 142
조선사 편찬 97
조선사학회 97
조선의 상징적 법궁 31, 52, 67
조선총독부 기관지 166
조선총독부 중추원 편찬과장 97
조선 침략 44
조선 침탈 42, 60, 126
조약 체결 59
조영 수호 통상 조약 136
존왕양이(尊王攘夷) 34
종파간 연합 모임(諸宗同德會盟) 122
종교 탄압 125
좌우대칭 87

좌우 비대칭 구성 161
주변국에 대한 침탈과 강점 목적 175
중명전 80, 158
중층 중화전 97
중화전 97
중화전 중건 68
즉조당(卽祚堂) 24
즉조당 현판 108
지샤부교오(寺社奉行) 114
지그프리트 겐테 89, 162
지진 33, 115
직파법 130
진기칸(神祇官) 40
진실과 역사에 대한 은폐와 왜곡 175
진쟈 40
진전 86, 87

총해관 90
총해관공소 지도 159
총해관 구역 89
최초의 전차 개통식 모습 64
최혜국 조항 136
쵸오슈우한쇼타이(長州藩諸隊) 118
쵸오슈우한(長州藩) 118
친일반민족 행위 가담 112
친일정권 60
친정 48
침탈의 유산 154

ㅊ

창경궁 112
창덕궁 22, 109
창덕궁 중건 공사 103
척도 140
천민 계층 173
천자의 나라 65
철저한 정보 수집과 감시 173
철종 45
청일 전쟁 44, 60, 111

ㅋ

카나가와(神奈川) 33, 116
카나가와조약 116
칸에이지(寬永寺) 35
컴포지트 오더 87
코지키덴(古事記傳) 42
코쿠가쿠샤(國學者) 42, 118
코고르당(F. G. Cogordan) 137
코오메이왕 119
쿠로다키요타카(黑田淸隆) 135
쿠마모토한(熊本藩) 118
쿠사카겐즈이(久坂玄瑞) 127
키도타카요시(木戶孝允) 42, 128
킨몬노헨(禁門の變) 119
킨몬노헨(禁門の變) 127

ㅌ

타카스기신사쿠(高杉晋作) 127
태평로 개수(改修) 96
태조 영정 86
태종 112
테라우케(寺請) 제도 32
테라우케쇼오몬(寺請證文) 32
테라우케쇼오몬(寺請證文) 제도 32
테라지마무네노리(寺島宗則) 126
텐포오노키킨(天保飢饉) 115
텐진조약 44, 60
토사한(土佐藩) 118
토쿠가와요시노부(德川慶喜) 35
토쿠가와이에야스(德川家康) 113
토완테(トワンテ) 117
통상 요구 116
투시도 기법 효과 79
튜렛(Turret) 92
특명 전권공사 64

ㅍ

파리 만국박람회장 61
페리(Matthew C. Perry) 제독 116
폐불령(廢佛令) 40
폐사(廢寺) 40
포벽 45, 130

푸차친(Putiatin) 116
프랑스군 주둔 지역 117

ㅎ

하나부사요시모토(花房義質) 59
하야시라잔(林羅山) 115
하이부쯔키샤쿠(廢佛毀釋) 정책 40
하코다테(函館) 34
하딩(John Reginald Harding) 93
하인리히 친왕 80
한양 절충(韓洋折衷) 87
한양 절충 86
한양절충 양식 72
한일병탄조약 112
해관 83, 89, 159
헤이그 밀사 사건 27, 93
헨리 데이비슨(Henry William Davidson) 166
혼마쯔(本末) 제도 32, 114
혼전 55
화반벽 45, 130
화재 피해 83
화폐·상품 경제 45
환구단(圜丘壇) 147
환벽정(環碧亭) 153
환구단 27, 110
환속 40
환어 25

황궁 31, 67, 73, 144
황궁 시대 24
황궁의 방어시설 96
황실 89
황실 도서관 70, 80
황실 문장 95
황제의 권위 87
황제의 생활공간 93
효정왕후(孝定王后) 109
후레가시라(觸頭) 114
후지와라세이카(藤原惺窩) 115
훼철 79
흥선 대원군 45, 47
흥선 대원군 탄핵 상소 48
히닌(非人) 173
히라타아쯔타네(平田篤胤) 42, 123

기타

19세기 상황 33
custom bldg. 83
Former custom house. 83
Korean Customs Compound 89
New Royal Library 80

Foreword to *The Story of Gyeongun-gung Palace*

Nations with long histories and a wealth of culture have always created examples of architectural cultural heritage that reflect and embody this status. Architectural cultural heritage is a repository for the history, culture, philosophy, building materials, and construction techniques of the country at the time when it is constructed. This alone makes sites of architectural cultural heritage important and multifaceted places. As well as vividly conveying the landscape of the past, they serve to bolster pride and legitimacy, and teach us important historical lessons. Unfortunately, this means that when another country seeks to dispossess and undermine the integrity of such a nation, they actively conceal historical truths in order to consolidate their takeover and justify such actions: doing away with architectural cultural heritage, reducing or transforming it, and distort the relevant records, to emphasize negative aspects of the past. In order to make a total break with history, there are even cases where the names of architectural cultural heritage sites are changed completely. One powerful example of such denigration was the reckless demolition and opening up into parks of the Korean royal palaces by the Japanese colonial authorities during the Japanese occupation. When it comes to architectural cultural heritage, then, the way we look at the historical records which surround them and their changing names, is very important. From this perspective, Gyeongun-gung Palace is a cultural heritage site that demands close attention.

Today Gyeongun-gung Palace is more commonly known as Deoksu-gung Palace. The history of the palace began in 1593, when King stayed this place due to the burning to ashes of all the royal palaces during the Imjinwaeran (Japanese invasions of Korea 1592-98). This palace was initially referred to as the "Jeongneung-dong Haenggung (行宮)", meaning that a secondary (but permanent) palace in Jeongneung-dong area. In 1611, King Gwanghae gave the palace an official name, Gyeongun-gung (慶運宮), and it then served as a royal palace for three centuries until 1907. With the founding of the Daehan Empire and declaration of King Gojong as emperor, this name made by King Gwanghae, served as the name of the imperial palace of the Daehan Empire until King

Gojong was forced by Japan to abdicate following the Hague Secret Emissary Affair. Gyeongun-gung Palace, therefore, was a name used for far longer than the "Deoksu-gung (德壽宮)" we know today: a name given to the palace under the Japan-Korea Protectorate Treaty of 1905. But the name Gyeongun-gung Palace has now been long forgotten.

As the story of a palace that has been distorted, down-scaled and transformed by Japan, the history of Deoksu-gung Palace is a significant element of Korea's painful past, and therefore it is something we should all know about. But the forgotten history of Gyeongun-gung Palace is just as important. It served as the focal point for King Gojong making a stand against plunder by Japan at the end of the Joseon Dynasty; it is a living historical stage, the place where King Gojong strove to create a new empire that would stand shoulder to shoulder with the powers of the west. In order to properly understand Gyeongun-gung Palace and the history that surrounds it, we must engage with the full story of this palace, where magnificent, exquisitely constructed modern Western style buildings stand in harmony with traditional royal architecture.

Sadly, due to the destruction caused by two successive fires that tore through the traditional royal palace structures in Gyeongun-gung Palace, and the transformation of the palace into a leisure park undertaken by the Japanese colonial authorities, it is impossible to really know how Gyeongun-gung Palace was expanded and transformed since King Gojong paid attention to the historic and simbolic value of its palace. It will only be possible to solve the puzzle of Gyeongun-gung Palace's past as research outcomes mount following excavation of the vestiges that remain in the palace grounds, and surveys of the historical records located in archives in Korea and overseas. For now, there is a need to peel back the distorted overlay that was crafted by imperialist Japan, and, with the help of the research that has been done to date, really examine things like: when Gyeongun-gung Palace was initially constructed, how it became the imperial palace and then Deoksu-gung Palace; what the national and international situation was that meant King Gojong had no choice but to turn to Gyeongun-gung; how King Gojong prepared for the Gyeongun-gung Palace era; what the conditions were that meant it had to become the imperial palace; and how the Western style buildings which came to stand among the traditional palace buildings would have appeared. With this aim, this book is titled The Story of Gyeongun-gung Palace, and it is divided into three main sections, examining Gyeongun-gung Palace and all sorts of things related to it. These three sections cover: the history of Gyeongun-gung; the situation during the era when King Gojong moved there; and the locational characteristics of Gyeongun-gung Palace, along with a study on the modern Western style buildings constructed within the palace compound.

As an overview of the history of the beginning, glory days and hardships of Gyeongun-gung Palace, the first section examines the palace divided into 4 time periods. The first period is the era of Jeongneung-dong Haenggung when it began its history as a palace to stand in for the palaces destroyed by fire during the Imjin War and served as the official palace. The second period of Gyeongun-gung Palace follows its official naming as Gyeongun-gung Palace by King Gwanghae , when it took on the status and function of a royal palace. The next period covers the leap of Gyeongun-gung Palace; its time as the imperial palace of the emperor and foothold for modernization, when King Gojong made the palace home as part of his efforts to overcome the crisis faced by the nation in the face of the Japanese encroachment on Joseon at the end of the 19th century. Finally, the Deoksu-gung Palace era follows King Gojong's abdication as emperor in the wake of the Hague Secret Emissary Affair, when the name of the palace was changed to Deoksu-gung Palace. In this period it completely lost the appearance of an imperial palace following the implementation of imperialist Japan's policy to turn all of Korea's palaces into parks.

The second section makes a general survey of the era when King Gojong could not help but focus on Gyeongun-gung. In order to understand the reasons for this, I examine in turn the situation at that time in both Japan and Korea. I begin with a summary of the Japanese Edo period and consideration of the character of the Meiji government that was established anew in the latter half of the 19th century following the toppling of the Edo government. Then, following an overview of King Gojong's ascending to the throne and the period when control of state affairs was taken care of by his relatives, I bring to light the circumstances whereby King Gojong had to leave Gyeongbok-gung Palace and go to Gyeongun-gung Palace, and examine the efforts he made to meticulously prepare for a new imperial era. This will show us the sense of international dynamics and the insight King Gojong had. Amid the severe power politics during the late Joseon period, King Gojong was not intimidated by his father Heungseon Daewongun and his supporters who had held the real reigns of power, and in accordance with his grasp of the international state of affairs, implemented policies to open Korea, and took Gyeongun-gung Palace—once the foothold for recovery from the national crisis of the Imjinwaeran—to be his imperial palace. In this way, King Gojong stood up against the Japanese plundering of the nation at the end of the 19th century and actively sought to implement Western style modernization.

Finally, the third section considers the locational characteristics of Gyeongun-gung Palace and also the Western style buildings which were constructed within the palace compound. First I examine the locational strengths and historical symbolism that served as the reason for selecting Gyeongun-gung Palace as the imperial palace, and then, through an understanding of the two systems of modern architecture—made by incorporating the self-sustaining modern architecture that is the main axis of modern architecture founded in Korea and the active incorporation of Western architecture—examine Gyeongun-gung Palace as a site of modern architectural unfolding. Then, in order to properly reveal the extent of the distortion of history by the Japanese colonial regime, the last part of the section is a close analysis of the distorted records, focussing on the history of Deoksu-gung Palace written by Oda Shogo (小田省吾) who was head of the publishing division of the Japanese Meiji Government's Government General of Korea.

As someone who has researched architectural cultural heritage since the beginning of the modern era focusing on the two nations of Korea and Japan, my greatest hope is that this book will aid a proper understanding of Gyeongun-gung, once the imperial palace of the Daehan Empire, and go some way to setting right the distorted history of times gone by.

October 2018
Kim Seong-do